U0919754

中职中专电子商务类教材系列

网络信息编辑

王晓红 主编

科学出版社
北京

内 容 简 介

本书结合网络编辑的工作流程，注重与实际工作的高度衔接，内容主要涉及了解网络编辑职业、筛选与归类网络信息、编辑网络信息、编辑网络多媒体信息、采集网络原创内容、掌握网络互动方式、制作网页等。

本书可作为中等职业学校电子商务专业、IT 专业、工商管理专业及其他相关专业学生的教材用书，也可作为社会从业人员的参考读物。

图书在版编目(CIP)数据

网络信息编辑/王晓红主编. —北京：科学出版社，2011
（中职中专电子商务类教材系列）
ISBN 978-7-03-031061-3

Ⅰ.①网… Ⅱ.①王… Ⅲ.①计算机网络-信息处理-中等专业学校-教材
Ⅳ.①G202 ②TP393.07

中国版本图书馆 CIP 数据核字（2011）第 086752 号

责任编辑：田悦红　熊远超　毕光跃 / 责任校对：柏连海
责任印制：吕春珉 / 封面设计：山鹰工作室

科学出版社出版
北京东黄城根北街 16 号
邮政编码：100717
http://www.sciencep.com
北京九州迅驰传媒文化有限公司 印刷
科学出版社发行　各地新华书店经销
*
2011 年 6 月第 一 版　开本：787×1092 1/16
2023 年 9 月第七次印刷　印张：11
字数：246 000

定价：39.00 元

（如有印装质量问题，我社负责调换〈九州迅驰〉）
销售部电话 010-62134988　编辑部电话 010-62135763-2021

前　　言

本书采用“任务提出→任务分析→任务分解→任务总结”的编写方式，从网络编辑人员必备的职业素质和职业技能出发，基于网络编辑人员的工作过程，通过虚拟人物“小李”的网络编辑工作贯通全篇，介绍了网络信息的筛选与归类、网络信息内容编辑、网络多媒体信息编辑、网络原创内容采集、网络互动方式、页面制作等相关知识。本书在编写过程中，力求将理论知识与网络信息编辑实际工作相结合，培养学生实际应用能力。

本书共分7个任务。任务1、任务2由北京联合大学李立威老师编写，任务3由中央财经大学谭云明老师、研究生南丽卓编写，任务5由中央财经大学谭云明老师、研究生杨天洁编写，任务4、任务6、任务7由北京联合大学王晓红老师编写。北京联合大学王晓红老师负责全书的统稿、修改工作。

北京联合大学支芬和教授、交通部水运科学研究院吴剑平对本书提出了许多宝贵意见和建议。在本书的编写过程中，还得到北京中鸿网络信息技术有限公司王素兰、北京联合大学电子商务教研部老师的大力支持，在此一并表示衷心的感谢。

由于编写时间仓促，作者水平有限，书中难免有错误或不妥之处，恳请各位读者和专家批评指正。

前　言

目　　录

任务1　了解网络编辑职业

任务提出

小李即将毕业，想找一份网络编辑的工作。要从事网络编辑的工作，首先应该对网络编辑职业情况有一个基本的了解，如网络编辑的职业概况、工作内容和职业要求等，因此，小李通过互联网开始搜集相关信息。

任务分析

本次任务涉及以下内容：

1）网络编辑的职业概况。网络编辑相对于传统媒体的编辑而言是一个全新的职业，因此本次任务要先了解网络编辑的职业概况。

2）网络编辑的工作内容。不同网站的网络编辑工作内容会有一定的差别，因此在了解网络编辑职业概况基础上，还需要了解网络编辑一般的工作内容。

3）网络编辑的职业要求。在了解了网络编辑的职业概况和工作内容后，需要进一步明确网络编辑的职业要求。

任务分解

为了完成以上内容，可以将本任务分解为如下3个子任务。

子任务1：了解网络编辑的职业概况；

子任务2：了解网络编辑的工作内容；

子任务3：明确网络编辑的职业要求。

下面分别对这些任务的目标进行确认，并对任务的实施给予理论和实践上的指导。

子任务1　了解网络编辑的职业概况

子任务目标

- 了解网络编辑职业的定义、网络编辑职位的构成
- 理解网络编辑职业的特点

1. 网络编辑职业的定义

根据网络编辑国家职业标准，所谓网络编辑，是指利用相关专业知识及计算机和网络等现代信息技术，从事互联网站内容建设的人员，是网站内容的设计师和建设者。他们通过网络对海量信息进行采集、分类、编辑，通过网络实时地向世界范围的网民进行

发布，并且从网民那里接收反馈信息，形成互动。

网络编辑职业是伴随着网络媒体的快速发展而产生的。目前，互联网已成为人们生活中不可或缺的获取信息的工具。随着互联网站点的急剧增加，网络媒体对网络编辑人员的需求也大大增加。网络编辑职业的发展，已日益引起业界和相关领域的密切关注。

在 2005 年 3 月 24 日国家公示的 10 个新职业名单中，网络编辑名列其中。2006 年 4 月，上海启动了“互联网新闻与信息编辑”的人才认证项目。其实，早在互联网产生之初，就诞生了最初的网络编辑职业。据统计，2005 年我国就有网络编辑人员 300 多万人，而且在未来 10 年内，网络编辑需求将呈上升趋势，总增长量将超过 30%。而当时传统媒体的编辑记者只有 75 万人，网络媒体从业人员从数量上远远超过传统媒体。

2. 网络编辑职位的构成

按照工作内容的不同，网络编辑分为网站主编、美术编辑、普通编辑和记者；根据服务环节的不同，网络编辑可以分为策划编辑、内容审核编辑、技术制作编辑等；网络编辑人员按职位职责分为普通编辑、栏目主编、主任编辑、总编辑。网络编辑职位构成情况如图 1-1 所示。

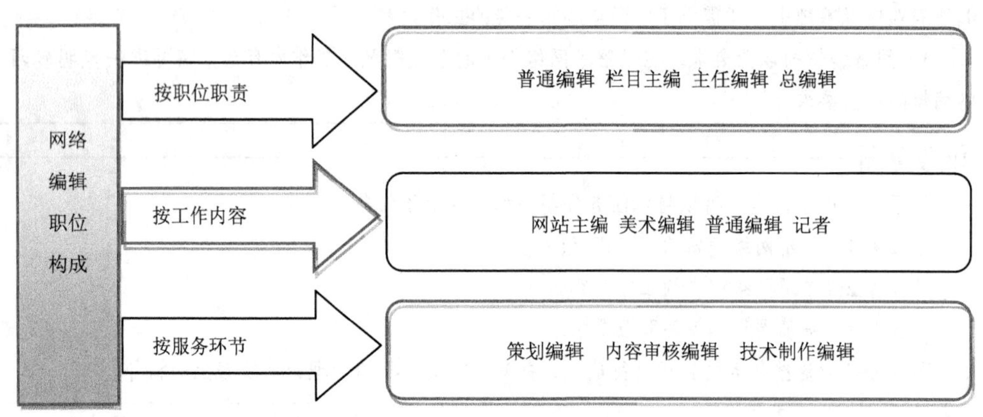

图 1-1 网络编辑职位构成

总编辑是编辑部的最高负责人，他们负责整个网站内容产品的管理及规划，对本网站发布的信息内容负全部责任，包括政治责任、社会责任和专业责任等。

主任编辑是各部门的主要负责人，负责领导和管理本部门的日常业务工作，监管日常的网上内容制作、编辑、编译和发布工作，对部门内业务工作进行指导。

栏目主编是频道/栏目的责任编辑，具体负责频道/栏目的运行和日常编辑。

普通编辑是网络编辑部中最基层的工作人员，处在编辑工作和网络新闻传播工作的最前沿。他们每天协助栏目主编，完成栏目内容运转和更新的基本工作，也随时对栏目内容建设提出意见和建议。

由于网站的性质、规模及定位等的不同，各网站网络编辑工作的岗位设置也不尽相同，例如，新华网网络编辑岗位分为实习生、助理编辑、频道主编、主任编辑和总编。

3. 网络编辑职业的特点

随着互联网的不断发展，依托于互联网而产生的网络编辑职业也呈现出一些明显的特点，如图1-2所示。

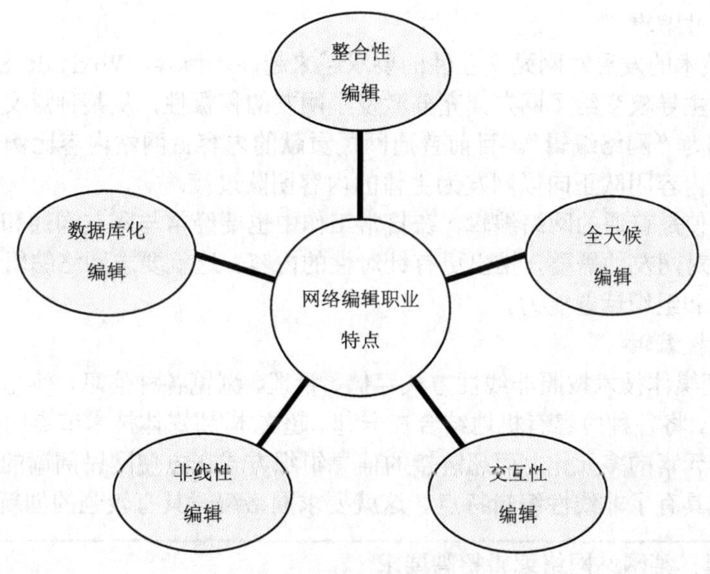

图1-2　网络媒体职业特点

（1）整合性编辑

网络编辑工作经常是跨领域的。即使是一个普通的网络编辑，也要时常考虑整个网站的传播定位、内容编辑的特色及技术支持对内容实现的影响等问题，其业务范围经常横跨整个编辑部，有时甚至还需要涉及管理经营等方面。

此外，目前网站的内容已经从最初的简单转载阶段逐渐过渡到深度编辑整合信息的阶段。从内容上看，网络编辑需要处理的媒体形式包含文字、图像、音频等，是多媒体的融合，内容发布形式包括网页、论坛、博客等多种。从内容来源上看既包括传统媒体信息还包括其他网站信息、原创信息、博客内容和论坛内容等，这就需要网络编辑具备较强的整合能力。

（2）全天候编辑

网络的出现使信息的时效性大大增强，网络编辑必须每时每刻盯住最新发生的新闻事件，有的内容还需要在线直播，一些突发新闻和重大新闻，往往需要网络编辑在第一时间把内容发布出去，并随着事态的进展进行持续的报道和更新。

全天候编辑的工作特点使得网络编辑的日常工作忙碌而紧张，工作强度和压力相对于传统编辑大大增强，要求网络编辑能够承受较大的工作强度和压力，具有对新闻事件的敏感性。

（3）数据库化编辑

一般大型的网站都建有自己的数据库管理系统。网络编辑一般都是通过内容管理系统（CMS，Content Management Systems）完成稿件的筛选、编改、整合、发布等大部分工作。CMS 通常被划分成数个不同的功能模块，网络编辑根据各自的工作职责负责相应的模块。数据库的建设既方便了网站对网络信息的管理，也方便了网络编辑高效、便捷的完成工作，又方便了用户查询信息。

（4）交互性编辑

Web2.0 技术的发展对网站交互性的要求越来越高。博客、Wiki、RSS 等 Web2.0 应用都将网络的主导权交给了网友，充分激发了网友的积极性，从某种意义上而言，所有网友都可以成为“网络编辑”。目前普通网民贡献的内容占网站内容比例越来越高，以网编为主体的内容团队正向以网友为主体的内容团队过渡。

此外，即使是普通的网络编辑，在日常工作中也要经常与网友沟通和互动，了解网友的看法，针对网友的需要，推出更有针对性的内容。这就要求网络编辑要具备较强的沟通互动能力和组织话题能力。

（5）非线性编辑

超文本/超媒体技术按照非线性方式存储、管理、浏览各种信息，他充分利用了信息间的各种关系，将各种内容有机地结合在一起。超文本/超媒体技术节点内容的多元化导致了网络编辑元素的多元化，而超链接的信息组织方式在方便网民阅读的同时，也使得网络编辑方式具有了非线性编辑特点。这就要求网络编辑具有较强的创新能力。

案例 1-1：某网站网络编辑招聘要求

1. 岗位职责

1）负责日常频道内容的更新和维护。

2）评选优秀文章制作标题，进行推荐。

3）维护论坛运作体系以及用户关系。

4）负责网页制作和内容呈现。

5）敏锐捕捉新闻热点，每日策划及呈现论坛专题。

2. 岗位要求

1）具有对新闻事件的敏感性，反应迅速，知识面广，有良好的采访报道能力和一定的编辑实践经验。

2）了解网络新闻传播特点，熟悉电脑操作，掌握基本网络知识，能够应用 Photoshop、Dreamweaver、Frontpage 等软件。

3）了解网站社区的运作模式。

4）有论坛使用经验，对论坛运营有独立见解，并且对社会热点事件以及各类网络话题有独立看法。

5）工作责任心强，能承受较大工作压力，具备团队合作精神，有大型门户网站编辑工作经历者优先。

（资料来源：百才招聘网 http://beijing.baicai.com/view_job/10314456/8402791.html）

案例分析：通过上面的招聘要求，可以发现网络编辑的日常工作内容包括内容筛选、标题制作、论坛管理、网页制作等几部分；而要做好这些工作，要具备新闻敏感性，知识面广，掌握网页制作相关软件，并具备一定的论坛维护经验。

相关知识

1. 网络媒体的概念

互联网正迅速渗透到社会、政治、经济、文化的各个领域，并带来社会经济、人们生活方式的重大变革。人类已经认识到互联网对媒体发展的作用。同时，网络技术的不断创新和完善给网络传播的多样性创造了有利条件。

媒体是指传播信息的载体，即信息传播过程中从传播者到接受者之间携带和传递信息的一切形式的物质工具。随着互联网的快速发展和不断普及，网络媒体被人们称为继报刊、广播、电视之后的“第四媒体”。

互联网在传播新闻和信息方面具有媒体的性质和功能，可以较笼统地称为“网络媒体”。网络媒体有广义和狭义之分。

（1）狭义的网络媒体

狭义的网络媒体是指基于互联网传播数据技术和表现界面，经过一定专业编辑系统加工制作，主要以发布新闻信息为主的综合信息发布平台，包括由报刊、电台、电视台、通讯社等传统新闻机构创办的媒体网站（如人民网、新华网、央视国际），从事新闻传播的商业网站（如新浪、搜狐），以及发布新闻信息的其他网站（如千龙网）。

（2）广义的网络媒体

广义的网络媒体是指一切通过互联网发布信息的平台。根据市场的不同需求，除了以发布新闻信息为主的综合性网站外，还有以发布商务、游戏、生活、学术等其他信息为主的专业性网站。

2. 网络媒体的特点

互联网信息传播具有实时性、交互性、传播方式的多样性、非地域局限性、提供信息量的无限性等特征，这些也体现在网络媒体的特点中，如图1-3所示。

（1）交互性

互联网传播的最大特点就是交互性。基于互联网技术的网络媒体的这种特征，改变了传统媒体单向信息传播的格局，实现了从传统的由点到面的线性传播向现代的由点到点的双向传播的转变。

（2）实时性

与传统媒体相比，网络媒体不再受传统媒体出版、发行周期的限制，可及时发布新的信息，并且可以根据需要随时修改、增补、删除信息，网络信息从采集到发布的整个流程时间大大缩短。一旦有最新事件发生，网络媒体在获得相关的信息后可立即将之公开发布，还可通过网页的不断更新或滚动，实现全天候的不间断传播，使用户及时了解事态的发展。

（3）多媒体

网络媒体通过互联网络兼容了文字、图像、声音、动画、影像等多种传播手段来传播信息。网络的多媒体传播，丰富了信息传播的手段，网络传播的效果也更为明显和突出。

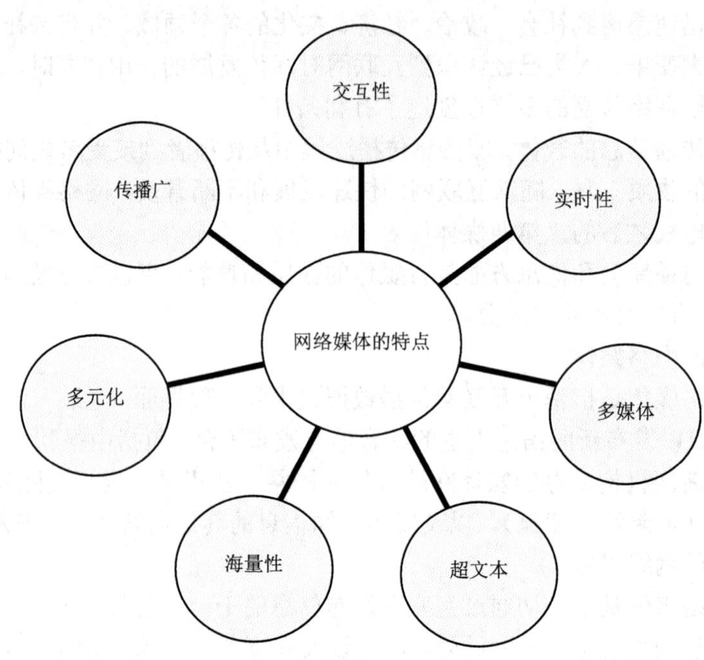

图 1-3　网络媒体的特点

（4）超文本

网络传播具有大信息量传输的功能，是建构在超文本、超链接之上的全新的传播模式。超文本技术按照人的思维方式即非线性方式存储、管理、浏览各种信息，用户在浏览过程中能够按自己的需要，灵活地访问各类信息，形成多层次、多方位的传播格局，大大提高了用户的选择性和自主性。

（5）海量性

网络媒体可实行全天 24 小时发稿，每日发稿量（包括条数和篇幅）远远大于传统媒体，点击打开任何一条网络新闻网页，呈现给读者的除该新闻的内容之外，还有关键词、相关新闻和新闻专题等链接，广泛集纳追踪报道和相关信息，全面报道事件始末，极大地丰富了新闻外延和背景资料。网络媒体新闻传播的海量性，还体现在具有强大的检索功能及易复制、易存储等特点。

（6）传播广

互联网是全球性的信息传输网络，通过 TCP/IP 协议把世界各地的计算机连接起来。因此，通过互联网发布信息不受时间和地域的限制。网络媒体的一个特点就是复制功能，网络媒体通过相互建立合作关系实现信息共享，因此一条信息可以多次被不同网络媒体

进行转载，从而获得广泛的传播效应。

（7）多元化

随着网络应用日益丰富，网民需求不断升级，网民产生了以自我为中心来重新整合内容、娱乐、商务、通信及其他种种个人应用的需要，以最大程度的满足自我个性化的需求。为了满足这一需求，网络媒体也由原来众性的大众传播转为以个性为中心的个性化传播，网络媒体的应用模式及营销特点都发生了巨大的改变。此外，强大的信息技术正把不同的媒体形态融合，不再是只有编辑和记者才能发布新闻，网上的信息呈现出个性化和多元化的态势。

举一反三

1）任选3个门户网站，上网查看其对网络编辑的招聘需求。

2）任选3个电子商务网站，上网查看其对网络编辑的招聘需求。

3）任选3个企业网站，上网查看其对网络编辑的招聘需求。

子任务2　了解网络编辑的工作内容

子任务目标

- 了解网络编辑的日常工作内容、网络编辑的工作职能
- 了解网络编辑部的构成

1．网络编辑的工作内容

目前网络编辑的日常工作一般包括：根据内容选题采集信息，选择文章，制作标题、导读或摘要，制作及维护专题，页面制作及日常维护，组织网上论坛和调查，与网民互动等。

实际中，网络编辑的工作内容因职位的不同而不同。比如对于高级编辑，其职责就不再仅仅是负责一个版面，一个栏目，而是负责策划整个内容产品和整合外部资源；而作为主编级别的人员，其跨部门的沟通能力更为重要，应具备能够把一个产品从概念变成具有创意的产品的实力。

不同职位网络编辑各自的工作内容大致如下：

网络编辑：负责网站一般内容的采集与发布，某一栏目的维护以及与网友的互动。

高级编辑：除负责一般内容发布外，还负责网站专题的策划与内容的整合。

频道主编：负责相关频道的所有内容与专题及其他产品。

内容总监：负责整个网站内容产品的管理及规划，负责网站频道和栏目的规划，同时负责对外合作。

此外，网络编辑的工作内容还因网站的不同而异。比如人民网网络编辑的日常工作

内容包括浏览新闻，信息发布（信息的筛选、信息的编排、关键字的录入、标题的制作、信息的发布），专题策划、制作及维护，以及去论坛浏览帖子、回帖，与网民互动等。

千龙网新闻中心网络编辑的主要工作内容是负责各有关栏目日常新闻、资讯信息的筛选、编辑、签发、更新和上传，选题策划、专题的制作维护和内容经营等。

中国经济网评论部的网络编辑日常工作包括论坛管理（论坛改版工作、论坛管理规范的制定、版主的管理及考核、线上线下活动的组织策划、网友年度聚会活动的组织策划等）、论坛帖文的审核、网站新闻跟帖的审核、论坛首页的更新、评论频道首页的更新、话题的策划和引导、原创评论的写作等。

2. 网络编辑的工作职能

从职能上而言，网络编辑与传统编辑有一定的相似之处，又有一些自身独特的内容，如图 1-4 所示。

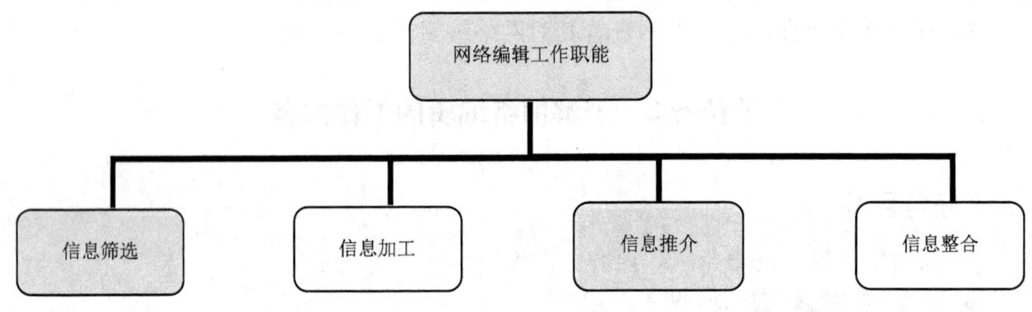

图 1-4　网络编辑的工作职能

（1）信息筛选

信息筛选即根据网民的需要、按照一定的标准对信息进行搜集、判断和选择，选出所需要的内容，然后再进行加工。在信息筛选过程中，在考虑到网站的类型和定位的基础上，既要参照网络信息的价值判断标准，又要不违反我国相关的法律法规等。

（2）信息加工

网络编辑在筛选稿件后，要对内容进行进一步的编改和加工，使原稿更清晰，简洁明了，并符合网络信息传播的特点，这是网络编辑最基本的日常工作之一。网络编辑对稿件的加工主要包括对稿件内容的核实、订正，对思想政治上的差错的校正，对文字的修改和对辞章的修饰等。

（3）信息推介

在经过筛选和编改的环节之后，稿件内容基本固定，但是为了达到良好的传播效果，编辑需要运用编辑手段做推介工作。在网络信息传播中，网络编辑在文字方面的推介工作主要是精心制作标题、内容摘要或导读，让读者快速把握稿件的重点内容，吸引读者来阅读。此外，编辑还可以通过配发评论的方式来突出稿件的重点内容。

（4）信息整合

在网络信息的编辑过程中，网络编辑需要对庞杂而分散的网络信息进行归类、整合及组织，形成若干大类，构成网站频道或者栏目。信息整合常用如下三种方式：

1）为单篇稿件添加必要的相关背景，说明性信息和有关报道，通过超链接把有关内容集成在一起，使得原稿中的新闻事实更丰满，内容含量得到增值。

2）围绕特定主题制作网络专题和连续报道，把相关信息有机汇集在一起，提升信息含量和深度。

3）运用多媒体手段，如图片、图表、视频等传达信息。网络稿件不但可以配以图片和图表，而且还可以链接音频文件和视频文件，更真实、更生动地再现新闻事件，在内容与形式上实现真正的互动。

案例 1-2：重庆某网站某网络编辑的一天

9:00　与技术部对接专题频道在新系统上线后的技术转换。

9:15　快速浏览本网首页头条要闻区，快速翻阅当日报纸，比较同城其他网站，向本地频道编辑提出一些新闻调整意见。跟编辑讨论，提出可以跟进的热点和值得做专题的稿件等。

10:00　快速浏览其他几个频道的更新情况，要闻的选择。与国际国内编辑探讨金融危机专题的内容调整。其间接到集团电话，要求调整正在进行的感动重庆人物评选页面；接到社科院电话，要求调整其科学发展观专题内的相关内容；接到几个宣传提示，有采访要求的反馈给采访部门，其他分发给各编辑。

10:30　调整专题频道代码。

11:00　参加编辑例会。汇报当日编辑思路，工作要点。与采访部门、社区部门核对需共同完成的一些工作情况和进展。分管老总布置一些工作。

12:00　将例会上交办的几件急事立即布置给相关编辑。

12:20　午饭、休息。

13:00　修改新的编辑系统工作流程和考核方案。准备下午相关会议资料。

14:00　组织监督各频道编辑更换首页头条及要闻。陆续有编辑回馈上午交办的一些事情的进展。

14:30　开会。与网站总编辑及分管副总、分管考核的编委、几个编辑讨论编辑系统工作流程和考核方案讨论稿。

16:40　国际国内频道提交签完代码的新频道首页。讨论新页面，确定需调整的模块。

17:30　与技术部分对接，收集前几个月编辑考核相关数据并形成报告，这个当天没有完成。

18:00　开始写要提交给有关部门的一份报告。

（资料来源：中国新闻出版网 http://www.chinaxwcb.com/index/2008-11/27/content_162457.htm）

案例分析：不同职位的网络编辑工作内容不同，较高级别的网络编辑日常工作更多的是专题的策划和制作、频道和栏目的改版策划、各部门协调等工作内容。

相关知识

网络编辑部的构成

国内网站的信息编辑部的规模大小差别较大，少则几人，多则几十甚至数百人。他们有的是独立运转，有的是和所附属传统媒体的其他部门或人员相互交叉协同工作。

通常按照日常工作的基本内容或网站内容频道将网络编辑部分为：新闻部、评论部、文体部、论坛部、动漫图片部、资讯部和总编室等，有新闻采访权的网络媒体机构也可设立记者部，如图 1-5 所示。

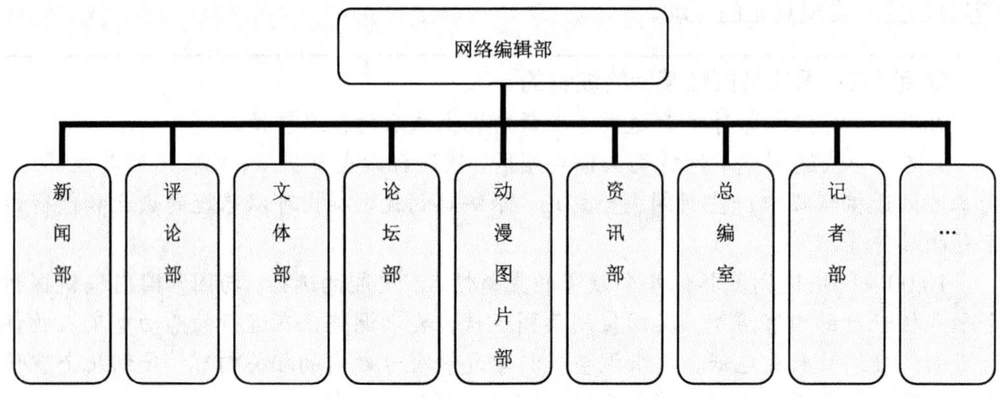

图 1-5　网络编辑部的构成

网络编辑部各部门内部又因工作侧重点不同而另有细分。如新闻部又可分为国内、国际、军事、经济、科技新闻等小组，有时新闻专题组和焦点报道组也归属新闻部领导和协调；评论部可细分为评论、论坛、社区等小组；资讯部可以按具体情况分为若干重点方向，如汽车、房地产等，或生活、服务信息组；体育部、娱乐部有比较明确的定位指向，其内部又可再细分为若干编辑小组。编辑部内部各部各组的划分，主要是为了将整个编辑部的工作任务分解和分工，保证各个方面的日常编辑工作正常运转，工作质量达到要求。

举一反三

1）根据门户网站网络编辑的招聘需求，归纳其网络编辑工作内容。

2）根据电子商务网站网络编辑的招聘需求，归纳其网络编辑工作内容。

3）根据企业网站网络编辑的招聘需求，归纳其网络编辑工作内容。

子任务3 明确网络编辑职业的要求

子任务目标

- 了解网络编辑的技能要求、职业道德要求
- 掌握与网络编辑日常工作密切相关的相关法律法规知识

1．网络编辑的技能要求

网络编辑应是复合型人才，不但要具备传统编辑所需要的基本素质，还需要具有较高的计算机应用能力、广泛的知识面、一定的专业知识和法律知识，并且还要具有一定的市场意识和快速学习能力。

（1）较高的计算机应用能力

网络编辑要善于使用互联网，熟练使用各类搜索引擎和各种互联网新产品，具备较强的数字化信息处理能力和娴熟的网络应用能力，掌握基本的网页制作技术及多媒体编辑技术，以便更好地实现网站的传播目标。

网络编辑要熟练掌握工作中涉及到的各种软件的使用，如 Dreamweaver、Flash、Photoshop、CMS 系统、HTML、FrontPage、Office 办公软件、多媒体编辑软件等。

（2）扎实的编辑业务能力

网络编辑应具备传统编辑的基本能力，主要包括内容的策划以及稿件的筛选、审核、编辑、校对等。相当的语言文字表达能力和驾驭文字的能力，信息筛选与加工能力，采访及写作的技能等，这些是网络编辑必备的基本技能。

（3）一定的专业知识

目前，大多数网站是按照内容划分部门的，如新闻编辑部、体育编辑部、财经编辑部等，相应的部门下面对应相应的网络编辑职位。因此，财经部门的编辑一定要懂财经、体育编辑一定要非常熟悉体育活动和其相关知识。网络编辑要具备所在职位必需的专业知识，对所负责领域的最新发展和动态有较好的了解与掌握。

（4）广泛的知识面

丰厚的知识储备是做好网络编辑工作的立身之本，信息时代的网络编辑更应不断增加知识储备，具备强烈的求知欲。网络编辑除了具备较深厚的专业知识之外，还需要具备广泛的知识面。

（5）一定的法律知识

目前，网站侵犯公民隐私权和名誉权的例子越来越多，这给网站的声誉带来了不好的影响。网络编辑作为网站信息的把关人和发布者，需要了解国家关于网络信息发布的相关政策和法规，如知识产权、著作权、公众隐私权、保密法等，避免因侵权和泄密给网站带来不必要的麻烦。

（6）一定的市场意识

网站如同传统媒体一样，尽管是以内容为生，可离开相关客户的支持，网站还是无法生存。网站的客户既包括广告主等商业类客户，也包括普通网民。所以，网络编辑在制作内容时，要考虑到网络媒体自身、受众、广告商三方面的利益。另外，网络编辑如果具有了一定的市场意识，就能在制作内容时注重内容独特的形式或独特的解读方式，也会顾及到网站整体风格的统一，这对于网站而言，是非常重要的。

（7）快速学习能力

2005 年底，千龙研究院与中科院心理所配合，对千龙网、新华网、新浪网、中青网等六家网站的 100 名编辑进行调查，发现主动学习、阅读理解、时间管理、学习策略、批判性思维、协调、主动聆听、社交的洞察力、判断和决策、书写、谈话、操作分析、解决复杂问题，这 13 个方面构成了网络编辑的工作技能。在上述技能中，主动学习能力排在了第一位，可见网络编辑要有快速学习的能力，才能胜任该职业的要求。

2. 网络编辑的职业道德

网络信息传播的速度非常快，传播面也非常广泛。与此同时，网上的虚假信息、不良信息也越来越多，甚至逐渐成泛滥之势，这导致了非常严重的社会后果，使得网络媒体的公信力变的越来越低。因此，承担网络信息把关人角色的网络编辑，应该不断增强社会责任感，提高自身素质，遵守国家制订的有关新闻媒体的政策法律法规，树立起网络媒体从业人员的职业道德旗帜。

（1）网络编辑的职业守则

国家职业标准规定了网络编辑职业守则的基本内容，主要包括以下两方面：

1）遵纪守法，尊重知识产权，爱岗敬业，严守新闻出版规定和纪律。

2）实事求是，工作认真，尽职尽责，一丝不苟，精益求精，团队精神。

（2）中国新闻工作者职业道德准则

网络编辑工作在很大程度上是新闻工作的一部分，因此，网络编辑在工作中还应参照新闻工作者的职业道德准则，主要内容有以下几点：

1）全心全意为人民服务。

2）坚持正确的舆论导向。

3）遵守宪法、法律和纪律。

4）维护新闻的真实性。

5）保持清正廉洁的作风。

6）发扬团结协作精神。

（3）中国互联网行业自律公约。

2002 年 4 月信息产业部颁发了《中国互联网行业自律公约》，对网络从业者提出了总体的和具体的要求，也可以供网络编辑从业人员参考。

整体要求如下：

1）遵守国家有关互联网发展和管理的法规、政策，以及我国签署的国际规则。

2）接受社会各界的批评与监督，抵制与纠正行业不正之风。

3）行业内竞争要合法、公平、有序。

具体要求如下：

1）不制作、发布或传播危害国家安全、危害社会稳定、违反我国法律法规以及迷信、淫秽等有害信息，依法对用户在本网站上发布的信息进行监督，及时清除有害信息。

2）不链接含有有害信息的网站，确保网络内容的合法、健康。

3）制作、发布或传播网络信息，要遵守有关保护知识产权的法律、法规。

4）引导广大用户文明使用网络，增强网络道德意识，自觉抵制有害信息的传播。

5）对接入的境内外的网站进行监督检查，拒绝接入发布有害信息的网站，消除有害信息对我国网络用户的不良影响。

6）营造健康文明的网络环境，引导青少年健康上网。

7）尊重他人知识产权，反对制作含有有害信息和侵犯他人知识产权的产品。

网络编辑需要遵循新闻媒体所具有的基本准则和基本规则，不论是通过传统媒体发布信息，还是通过网络发布信息，都需要遵守行业的规范。网络编辑需要对内容进行必要的核实，维护信息的真实性；客观的报道事实，不应当炒作新闻；选择事实的时候还要考虑平衡原则，注意公平和正义，坚持正确的舆论导向；此外，还要对信息的来源进行必要的考察等。

案例 1-3：各大网站总编谈网络编辑

新浪网执行副总裁兼总编辑陈彤

有着“中国网络新闻第一人”称号的陈彤，在《新浪之道》中坦言：“从事网络媒体的很多人都没有经过专业培训，通常带着简简单单的爱好就来了。”陈彤认为网络编辑必须爱好网络媒体这一行业，此外还必须具备新闻敏感性、政治敏感性以及对所在专业的敏感度，要是一位对众多领域都有一定了解的“杂家”。只有对众多领域都有一定了解的杂家，才有可能选择好新闻，编辑好标题，把握好重点的平衡。新浪首页如图 1-6 所示。

网易前总编李学凌

李学凌的互联网编辑法则是“5 行法则”，连续的标题不能超过五行，超过必须空一行；“冷暖搭配原则”，在连续的冷色调中，必须要有暖色调的点缀；网站首页元素，必须是从二级页面拷贝得来，可以改变颜色、摘要的长短，但是不能改变基本形式；“数字指引原则”，利用有效数字，带给读者阅读指引；“时间指引原则”，利用时间的贴近性，给读者有效的阅读指引。信息和信息整理，读者互动，是互联网的两大特色。网易首页如图 1-7 所示。

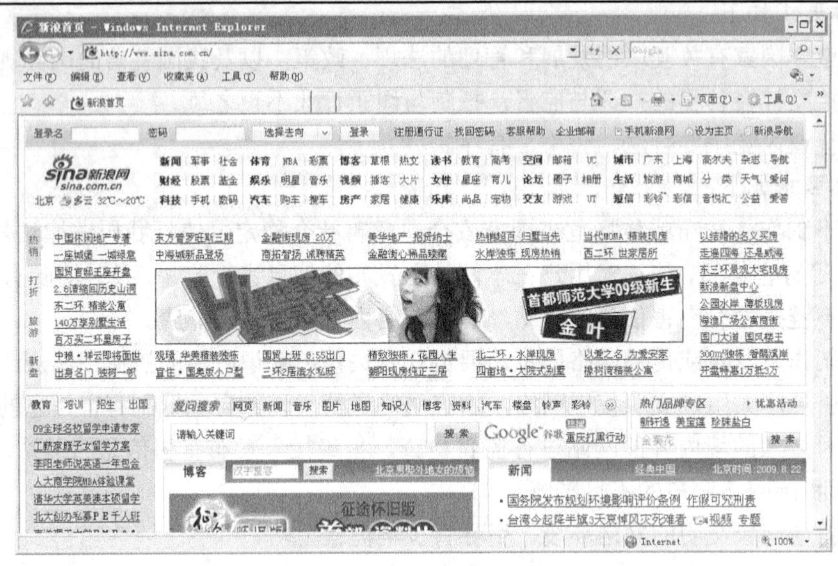

图 1-6 新浪网首页

图 1-7 网易首页

搜狐前总编李善友

只会埋头用手指敲打键盘的网络工兵时代已经成为过去，我们的网络新闻编辑必须是有分析能力和独特见解的新闻人。网络新闻报道正在经历由 1.0 到 2.0 版本的更新换代。李善友强调，网络也是媒体，必须要表达自己的观点，一个媒体如果没有观点，就像人没有眼睛和灵魂。真正能够为互联网脉搏把脉的是那些 20 来岁的小孩。搜狐首页如图 1-8 所示。

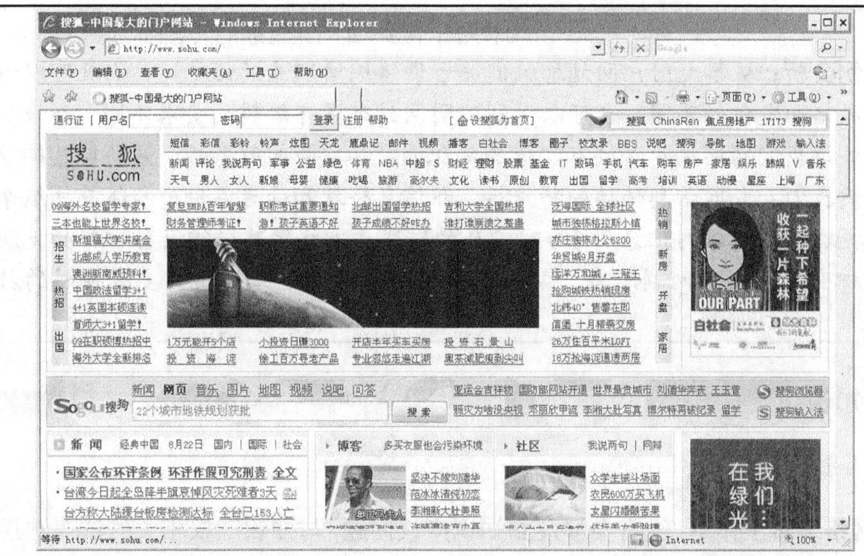

图 1-8　搜狐首页

新华网副总裁、副总编白林

网络无改稿，社会责任大。与报纸、电视等相比，网络对所发布的信息看似是可以随时修改的，但事实上一条新闻从网上发布后，会瞬间被其他网站及搜索引擎转载。所以，网络信息的误传误导，其传播速度和传播面更快更广。内容清新、页面干净、信息可信等，这些是网民对新华网的肯定和信任，是从责任意识，从一系列严格的内容管理规定中得来的。没有为社会负责，为受众负责，为历史负责，“自由”的“鸟”是飞不高也飞不远的。新华网首页如图 1-9 所示。

图 1-9　新华网首页

（资料来源：网络编辑职业化道路指南专题 http://www.biannews.com）

案例分析：从各大门户网站总编们关于网络编辑职业的话中，我们既可以看到不同网站风格和定位的不同，也可以看到不同网站对网络编辑的要求不同。新浪总编陈彤的话告诉我们网络编辑必须有广泛的知识面，具备新闻敏感性；网易前总编李学凌的话告诉我们互联网信息传播的特殊性，即信息整理和读者互动；搜狐前总编李善友的话则提醒我们互联网正经历 1.0 到 2.0 的转变，网络编辑必须具备独特的见解才能适应这种变化；新华网副总裁、副总编白林的话说明网络编辑需要有强烈的社会责任感。

相关知识

1. 知识产权

在网络编辑工作中，经常会涉及到知识产权问题，与知识产权相关的法律法规有《中华人民共和国著作权法》、《中华人民共和国著作权法实施条例》、《信息网络传播权保护条例》及《最高人民法院关于审理涉及计算机网络著作权纠纷案件适用法律若干问题的解释》等。

著作权，又称版权，是指著作权人对于具体著作（作品）依法享有的人身权利和财产权利，包括作品的发表权、署名权和获得报酬权。著作（作品）是指文学、艺术和科学领域内，具有独创性的并能以某种形式复制的智力型创作成果。

著作权人有权在 Internet 上自行传播在法定许可范围内的作品，有权许可他人传播其作品，有权禁止他人未经许可而传播其作品。

著作权法也明确规定了网络侵权的法律后果。未经著作权人许可，复制、发行、表演、放映、广播、汇编、通过信息网络向公众传播其作品的，未经录音录像制作者许可，复制、发行、通过信息网络向公众传播其制作的录音录像制品的，应当根据情况，行为人承担停止侵害、消除影响、赔礼道歉、赔偿损失等民事责任；同时损害公共利益的，可以由著作权行政管理部门责令停止侵权行为，没收违法所得，没收、销毁侵权复制品，并可处以罚款；情节严重的，著作权行政管理部门还可以没收主要用于制作侵权复制品的材料、工具、设备等；构成犯罪的，依法追究刑事责任。

2. 互联网管理相关法规知识

网络编辑是网站内容的设计师和建设者，必须清楚哪些信息是能够在网络上传播的，哪些是不能传播的，这就要求网络编辑遵守网络信息发布的相关法律法规。

近年来，针对互联网的管理，国家制定了一系列法规，主要有《互联网信息服务管理办法》、《互联网电子公告服务管理规定》、《互联网出版管理暂行规定》、《中华人民共和国计算机信息网络国际联网管理暂行规定》、《互联网新闻信息服务管理规定》等。

《互联网出版管理暂行规定》第二十一条规定，互联网出版机构应当实行编辑责任

制度，必须有专门的编辑人员对出版内容进行审查，保障互联网出版内容的合法性。

网络编辑除了要注意防止各类侵权行为的发生外，还要注意以下事项：

1）维护国家安全与稳定。凡是带有国家宪法内容的报道，都应严格把关，禁止刊载。不得报道未经核实的重大“事实”，蛊惑人心，不得报道耸人新闻的评论来激发人民的情绪，更不能制造民族对立情绪。

2）严守党和国家的机密。网络编辑应该熟悉国家保密工作的宗旨、方针、管理体制、保密制度和法律责任等。

3）拒绝报道淫秽与色情、暴力等不健康的内容。网络编辑采访报道、选择信息时，应该过滤掉淫秽与色情、暴力等不健康的内容，而代之以高品质的信息，多报道与人民生活密切相关的信息，为受众提供有益的娱乐和生活资讯，从而营造一个健康的传媒环境。

4）维护民族平等和团结。民族的平等、团结、进步与繁荣直接关系到国家的前途和命运。网络编辑要对时政形势有敏锐的触觉，不得发布不利于国家和民族团结的信息。

举一反三

1）根据不同网站网络编辑的招聘需求，总结归纳网络编辑需要具备的技能。

2）根据不同网站网络编辑的招聘需求，结合自身情况，分析自己距离一名合格的网络编辑还有哪些差距。

3）上网搜集有关信息，了解网络编辑需要遵守的法律法规。

任务总结

本章通过网络编辑求职任务讲述了网络编辑的职业概念、职位构成、职业特点、工作内容、工作职能、技能要求和职业道德。

网络编辑是指利用相关专业知识及计算机和网络等现代信息技术，从事互联网站内容建设的人员。网络编辑人员按职位职责分为普通编辑、栏目编辑、主任编辑、总编辑。网络编辑工作具有整合性编辑、全天候编辑、数据库化编辑、交互性编辑和非线性编辑的特点。

网络编辑的日常工作包括根据内容选题采集信息，选择文章，制作标题、导读或摘要，制作及维护专题，页面制作及日常维护，组织网上论坛和调查等。网络编辑工作的职能包括信息筛选、内容加工、信息推介和信息整合。

网络编辑应是复合型人才，不但要具备传统编辑所需要的基本素质，还需要具备较高的计算机应用能力、广泛的知识面、一定的专业知识和法律知识，并且还要具有一定的市场意识和快速学习能力。

国家职业标准规定了网络编辑职业守则的基本内容，网络编辑在工作中还应参照新闻工作者的职业道德准则和中国互联网行业自律公约。

练　习　题

一、单项选择题

1．根据网络信息服务内容的不同，网络编辑可以分为（　　）。

A．策划编辑、内容审核编辑、技术制作编辑等

B．网络新闻编辑、网络学术编辑、网络文学编辑等

C．网页作品编辑、论坛管理编辑、虚拟社区管理编辑等

D．普通编辑、栏目主编、频道编辑等

2．以下不属于网络编辑工作特点的是（　　）。

A．整合性编辑　B．全天候编辑　C．数据库化编辑　D．静态性编辑

3．处在网络编辑工作和网络新闻传播工作最前沿的是（　　）。

A．普通编辑　B．栏目主编　C．频道编辑　D．主任编辑

4．做好网络编辑工作的立身之本是（　　）。

A．扎实的编辑业务能力　B．较高的政治素质

C．较高的计算机应用能力　D．丰厚的知识贮备

5．一般而言，普通网络编辑最日常的工作是（　　）。

A．稿件加工　B．专题制作　C．网页设计　D．互动调查

6．通常所说的第四媒体是指（　　）。

A．报纸　B．电视　C．广播　D．网络

7．国家职业标准规定了网络编辑职业守则的基本内容，其中不包括（　　）。

A．接受社会各界的批评与监督，抵制与纠正行业不正之风

B．遵纪守法，尊重知识产权

C．爱岗敬业，严守新闻出版规定和纪律

D．实事求是，工作认真，尽职尽责，一丝不苟，精益求精，团队精神

8．在《互联网出版管理暂行规定》中指出，互联网出版机构应当实行（　　）责任制度。

A．编辑　B．记者　C．管理员　D．总经理

9．网络编辑工作中的整合性编辑的特点体现在（　　）。

A．编辑工作经常是跨领域的

B．从内容上看，网络编辑需要处理的媒体形式包含文字、图像、音视频等多媒体

C．内容发布形式包括网页、论坛、博客、电子邮件等多种形式

D．以上都正确

10．根据《著作权法》的规定，著作权包括（　　）。

A．作品的发表权 B．作品署名权　C．获得报酬权　　D．以上都是

二、简答题

1．简述网络编辑的职业定义。

2．网络编辑职业的特点有哪些？

3．网络编辑的工作内容包括哪些？

4．网络编辑有哪些工作职能？

5．网络编辑需要哪些素质？

6．网络媒体有什么特点？

7．网络编辑需要遵守哪些职业道德？

8．网络编辑部是如何构成的？

任务2　筛选与归类网络信息

任务提出

经过充分的准备，小李应聘进入某网站担任助理编辑工作，小李刚开始的工作是完成网站规定数量的稿件筛选，并在规定时间内上传到相关频道和栏目等待栏目主编审核。

任务分析

本次任务主要是收集栏目有关的信息，然后对信息进行分析、判断和分类整理，并上传到网站有关栏目和频道中。具体来说，本次任务涉及以下内容：

1）收集网络信息。网络信息的来源庞杂，本任务的重点是从来源广泛的网络信息中，通过合适的途径和工具收集网站栏目所需的内容。

2）筛选网络信息。初步收集相关信息之后，如何进一步筛选出所需信息？这就需要对收集的信息依照一定的标准进行判断，进一步筛选出有价值的稿件。

3）对网络信息进行分类。初步筛选出需要的信息之后，接下来就需要对信息进行正确的归类，并上传到网站上对应的频道和栏目中。

任务分解

为了完成以上内容，可以把本任务分解成如下3个子任务。

子任务1：收集网络信息；

子任务2：筛选网络信息；

子任务3：归类网络信息。

下面分别对这些任务的目标进行确认，并对任务的实施给予理论和实践上的指导。

子任务1　收集网络信息

子任务目标

- 了解常用的网络信息收集的途径
- 掌握常用搜索引擎的使用方法
- 能够根据来源对信息的价值进行初步判断

1. 收集网络信息

由于网络信息资源数量庞大，内容丰富，增长迅速，同时来源多样化，质量良莠不

齐，因此需要运用有效的工具和途径才能采集到满足要求的信息。

（1）搜索引擎

搜索引擎是网络信息采集的主要途径之一。搜索引擎提供一个包含搜索框的页面，在搜索框输入词语，通过浏览器提交给搜索引擎后，搜索引擎就会返回用户输入的相关内容的信息列表。

1）百度搜索引擎。百度搜索引擎（http://www.baidu.com）目前是世界上最大的中文搜索引擎，拥有超过 10 亿网页的数据库，并且还在保持快速的增长，其搜索界面如图 2-1 所示。百度具有网页搜索、文档搜索、新闻搜索、博客搜索、特定网站搜索、视频搜索、图片搜索、音频搜索、专利搜索、法律搜索、统计数据搜索、答案搜索等搜索功能，具有高准确性、高查全率、更新快以及服务稳定的特点。

图 2-1　百度搜索界面

2）Google 搜索引擎。Google 搜索引擎（http://www.google.com）作为目前互联网上功能最强大的搜索引擎之一，其索引目录中已经储存了 81 亿个网页。现在 Google 平均每天接受的搜索次数达 2 亿人次，几乎占全球所有搜索量的 1/3，而且这一数字还在不断上升。用户可以使用 100 多种语言文字进行搜索，Google 中文搜索界面如图 2-2 所示。Google 具有网页搜索、博客搜索、财经搜索、生活搜索、视频搜索、图片搜索、学术搜索、新闻搜索、图书搜索、论坛搜索等搜索功能。

3）雅虎搜索引擎。雅虎搜索引擎（http://www.yahoo.com）实际上是一个涵盖全球 120 多亿网页的强大数据库，拥有数十项技术专利、精准运算能力，支持 38 种语言，近 10 000 台服务器，服务全球 50%以上互联网用户的搜索需求。2005 年后，中国雅虎搜索逐步确立了社区化搜索的策略，不断推出新的社区化搜索服务。目前，中国雅虎推出了网页搜索、视频搜索、资讯搜索、音乐搜索、网址大全、图片搜索、酷贴搜索、黄页搜索、生活搜索等搜索服务。中国雅虎的搜索界面如图 2-3 所示。

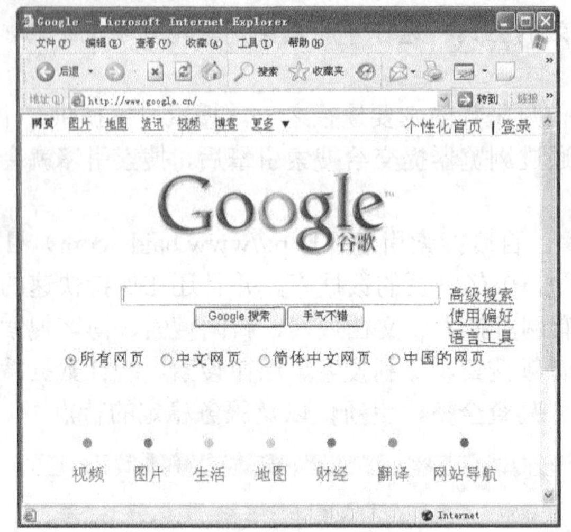

图 2-2　Google 中文搜索界面

图 2-3　中国雅虎搜索界面

此外，搜狐的搜狗搜索（http://www.sogou.com）、新浪的爱问搜索（http://iask.com）、腾讯的搜搜（http://www.soso.com）等搜索引擎也各有特色。

（2）专业网站

一些学科领域的专业网站、大型的综合性门户网站、搜索引擎网站列表都会链接相关的专业网站，这可作为获取网上信息的主要渠道之一。从这些网站上能找到有价值的网络信息。

专业网站所提供的信息容量大、内容全面、数据准确。专业网站是最简单、最直接地获取信息的方式，网络编辑要熟悉并经常关注所在领域的专业网站。在从专业网站获取信息的时候，注意网站和稿件的版权声明，不要侵犯对方的版权。

1）综合性的新闻网站。如新华网、中国新闻网、人民网、中央电视台网站、中国广播网、新浪网、搜狐网、中华网、光明网、千龙网、环球网，以及各个地方媒体设立的网站。

2）提供专业财经信息的网站。如国家商务部网站、财政部网站、人民银行网站、东方财富网、证券之星网、和讯网、中金在线、经济日报网站、中国证券网、各门户网站财经频道、各证券公司网站等。

3）提供教育信息的网站。如各大学网站、中国教育和科研计算机网、教育部网站、共青团中央网站、中国教育在线、中国教育考试网、中国教育新闻网、中国教师网、各门户网站教育频道等。

4）提供各类科技信息的网站。如国家科技部网站、各门户网站科技频道、中国公众科技网、科技日报网站、北京科普之窗、首都科技网、中国科普博览、环球科学网、天极网、硅谷动力、赛迪网等。

5）网络文学类网站，如榕树下、红袖添香、潇湘书院、幻剑书盟、起点网、白鹿书院、小说阅读网、各门户网站读书频道等。

（3）论坛

论坛为广大网友提供了一个彼此交流的空间，至今仍然被广泛使用。网上存在着形形色色的论坛，既有一些综合性的论坛（如天涯社区、猫扑、新浪论坛、搜狐论坛等），也有一些专业性的论坛（如瑞丽女性论坛、人民网强国论坛、各个大学的论坛、和讯股吧、铁血军事论坛等）。

网络编辑可以到各种论坛中找内容、发现信息源和新闻线索。论坛中的信息质量参差不齐，很多原创内容被埋没在了大量的垃圾内容中。论坛内容源在一定程度上能有效地解决网站内容日益同质化的问题。

（4）网络数据库

网络数据库具有信息量大、更新快、内容丰富、种类齐全等特点，也是获取信息尤其是文献信息的一个有效途径。例如，用于查询期刊论文的数据库有中国知网、万方数据资源系统、维普资讯、龙源期刊网等，用于查询中文图书的数据库有超星数字图书馆、书生之家等。此外，还有很多专业的网络数据库，网络数据库有收费数据库和免费数据库之分。收费数据库一般是需要购买使用权；免费数据库主要是关于专利、标准、政府出版物，一般是政府、学会、非营利性组织创建并维护的数据库。

2. 分析网络信息的来源

选择稿件，首先涉及来源问题，不同来源的信息质量上有所差距。对信息来源做出判断，是网络信息筛选的起点，也是判断信息价值的一个重要参考。目前网站信息的来源主要包括原创信息、协议转载信息和社区内容三类。

（1）原创信息

原创信息从选题到内容的采集、加工，都是由网站自己控制的，因此质量容易得到保证。目前各大网站都非常重视原创内容，原创内容往往会被重点推荐。网站自己采集信息进行内容原创的方式主要有以下三种。

1）整合。网站自己的编辑队伍通过各种渠道对内容进行发掘搜集，并经过进一步的加工整理，如现在很多网站采用的收看实况转播，同步编发专稿。

2）约稿。特约比较有影响力的评论员在网站开设专栏，或者建立一支写作群，负责评论栏目。

3）原创。网站可组织人员对热点事件进行追踪报道，尤其是对于依托传统媒体的网站或者具有新闻采编权的网站（如新华网、人民网）而言，可以利用其记者队伍对新闻进行采访、编辑和组稿。图 2-4 是新华网的一则原创新闻。

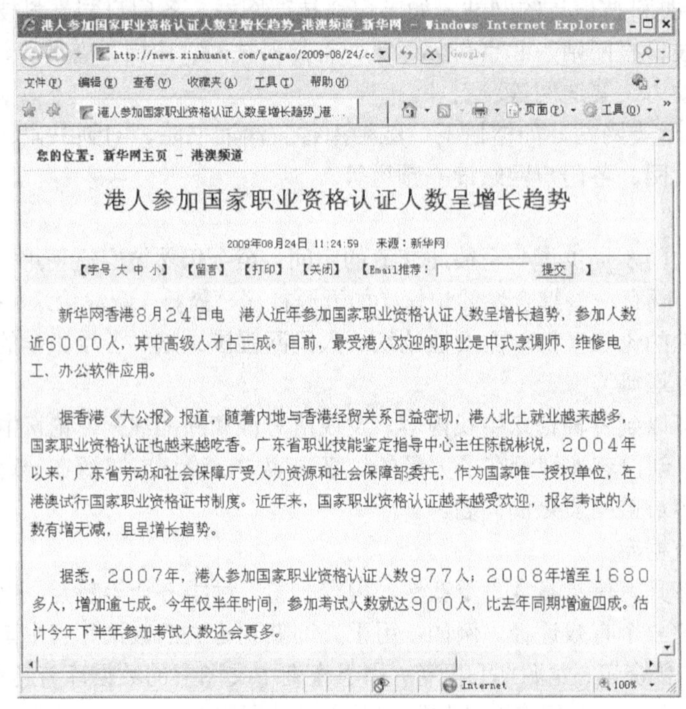

港人参加国家职业资格认证人数呈增长趋势_港澳频道_新华网 - Windows Internet Explorer

您的位置：新华网主页 － 港澳频道

港人参加国家职业资格认证人数呈增长趋势

2009年08月24日 11:24:59　来源：新华网

【字号 大 中 小】【留言】【打印】【关闭】【Email推荐：　提交】

新华网香港８月２４日电　港人近年参加国家职业资格认证人数呈增长趋势，参加人数近６０００人，其中高级人才占三成。目前，最受港人欢迎的职业是中式烹调师、维修电工、办公软件应用。

据香港《大公报》报道，随着内地与香港经贸关系日益密切，港人北上就业越来越多，国家职业资格认证也越来越吃香。广东省职业技能鉴定指导中心主任陈锐彬说，２００４年以来，广东省劳动和社会保障厅受人力资源和社会保障部委托，作为国家唯一授权单位，在港澳试行国家职业资格证书制度。近年来，国家职业资格认证越来越受欢迎，报名考试的人数有增无减，且呈增长趋势。

据悉，２００７年，港人参加国家职业资格认证人数９７７人；２００８年增至１６８０多人，增加逾七成。今年仅半年时间，参加考试人数就达９００人，比去年同期增逾四成。估计今年下半年参加考试人数还会更多。

图 2-4　新华网-原创新闻

由国务院新闻办公室、信息产业部发布的《互联网新闻信息服务管理规定》中，对于非新闻单位但设立有互联网新闻信息服务的单位，明确规定了禁止登载自行采写的新闻信息范围，该规定所称的新闻信息是指时政类新闻信息，包括有关政治、经济、军事、外交等社会公共事务的报道、评论，以及有关社会突发事件的报道、评论。

（2）协议转载信息

大多数商业性门户网站没有新闻采编权，因此他们主要是转载、摘录、整合国内传统媒体和网站上的信息。目前，网站大部分的转载内容都是来源于协议合作网站和媒体，其中包括转载传统媒体信息和转载网站信息。

1）转载传统媒体的信息。传统媒体从类型上包括通讯社、电视台、报纸、杂志、广播等，从内容上包括综合性的全国性媒体、国外媒体、有影响力的地方性媒体及行业

性媒体等。

由于传统媒体有着较为严格的质量控制体系与手段，因此，通常来自于传统媒体的信息，质量是比较高的。图 2-5 是新浪网转载《人民日报》的文章。

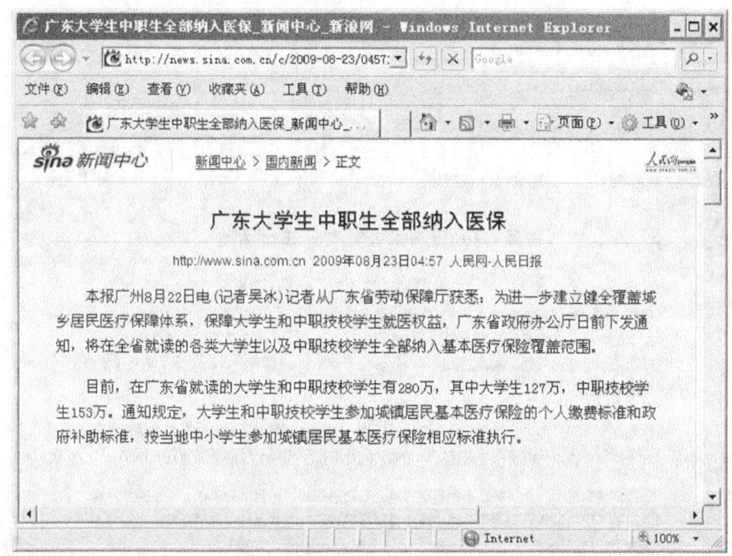

广东大学生中职生全部纳入医保

http://www.sina.com.cn 2009年08月23日04:57 人民网-人民日报

本报广州8月22日电（记者吴冰）记者从广东省劳动保障厅获悉：为进一步建立健全覆盖城乡居民医疗保障体系，保障大学生和中职技校学生就医权益，广东省政府办公厅日前下发通知，将在全省就读的各类大学生以及中职技校学生全部纳入基本医疗保险覆盖范围。

目前，在广东省就读的大学生和中职技校学生有280万，其中大学生127万，中职技校学生153万。通知规定，大学生和中职技校学生参加城镇居民基本医疗保险的个人缴费标准和政府补助标准，按当地中小学生参加城镇居民基本医疗保险相应标准执行。

图 2-5 新浪网-转载《人民日报》的文章

国内网站直接转载国外媒体和网站信息的比较少，大部分都是从外文网站捕捉新闻，间接编译国外的稿件。图 2-6 是新华网编译《华尔街日报》的文章。

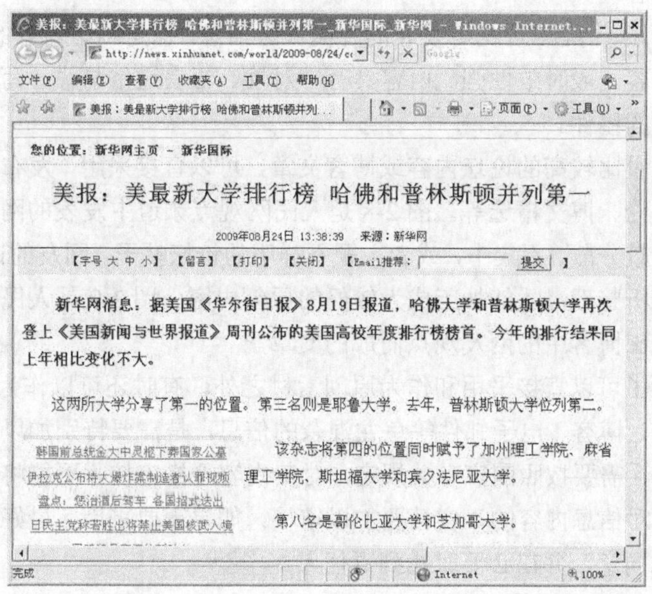

美报：美最新大学排行榜 哈佛和普林斯顿并列第一

2009年08月24日 13:38:39 来源：新华网

新华网消息：据美国《华尔街日报》8月19日报道，哈佛大学和普林斯顿大学再次登上《美国新闻与世界报道》周刊公布的美国高校年度排行榜榜首。今年的排行结果同上年相比变化不大。

这两所大学分享了第一的位置。第三名则是耶鲁大学。去年，普林斯顿大学位列第二。

该杂志将第四的位置同时赋予了加州理工学院、麻省理工学院、斯坦福大学和宾夕法尼亚大学。

第八名是哥伦比亚大学和芝加哥大学。

图 2-6 新华网-编译《华尔街日报》的文章

2）转载网站信息。除了转载传统媒体的信息，各合作网站之间也相互转载。新浪网是国内最早按照版权协议转载其他媒体内容的网站。图 2-7 是新浪网转载中国新闻网的消息。

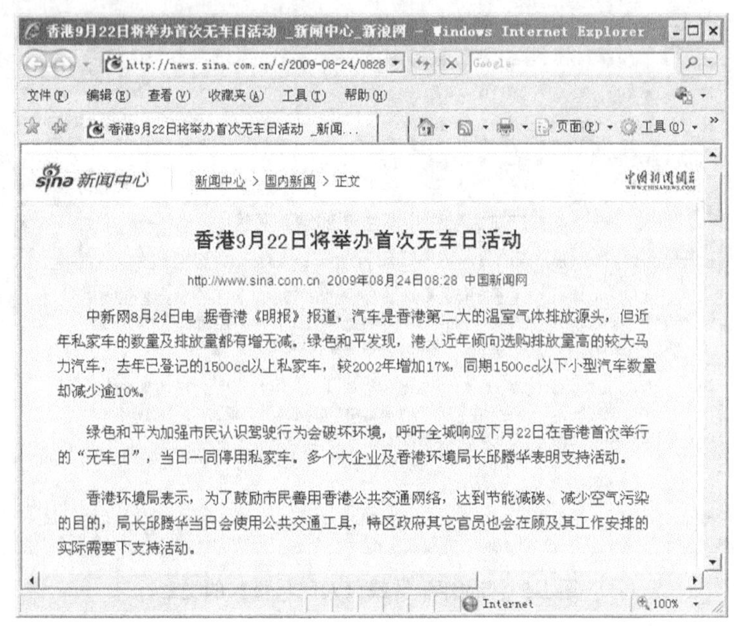

香港9月22日将举办首次无车日活动 _新闻中心_新浪网 - Windows Internet Explorer

http://news.sina.com.cn/c/2009-08-24/0828

文件(F) 编辑(E) 查看(V) 收藏夹(A) 工具(T) 帮助(H)

sina 新闻中心 新闻中心 > 国内新闻 > 正文

香港9月22日将举办首次无车日活动

http://www.sina.com.cn 2009年08月24日08:28 中国新闻网

中新网8月24日电 据香港《明报》报道，汽车是香港第二大的温室气体排放源头，但近年私家车的数量及排放量都有增无减。绿色和平发现，港人近年倾向选购排放量高的较大马力汽车，去年已登记的1500cc以上私家车，较2002年增加17%，同期1500cc以下小型汽车数量却减少逾10%。

绿色和平为加强市民认识驾驶行为会破坏环境，呼吁全城响应下月22日在香港首次举行的“无车日”，当日一同停用私家车。多个大企业及香港环境局长邱腾华表明支持活动。

香港环境局表示，为了鼓励市民善用香港公共交通网络，达到节能减碳、减少空气污染的目的，局长邱腾华当日会使用公共交通工具，特区政府其它官员也会在顾及其工作安排的实际需要下支持活动。

图 2-7　新浪网-转载中国新闻网的消息

（3）社区内容

网民通过论坛、博客、评论等发布的各类社区信息，也是网站内容的一个重要资源。来源于社区的内容一般时效性强、内容具有针对性、语言通俗易懂、写法不拘一格，其中不乏质量较高的稿件。

对于一些质量比较高的论坛内容或博客文章，可以直接采用，发布在网站相关的栏目中，如网友评论、博文精选等。图 2-8 是人民网观点频道中发表的网友文章。

对于内容比较分散、不集中，或者主题不鲜明的论坛帖子、网友的评论、博客文章，需要对其进行分析整理，才能加工成为较好的原创内容。图 2-9 是人民网观点频道整理其强国论坛和强国博客中的网友观点而成的文章。

社区内容除了可以直接采用和作为原创素材之外，有时还可以作为新闻线索。

来源于论坛、博客、电子邮件等鱼龙混杂的信息，是需要特别加以注意核实的一类信息。在处理时，需要按照国家有关规定，对其内容严格审核，不能将国家规定禁载的内容发布出去；对信息内容的真实性要加以审核；如果需要采用，最好能与作者取得联系，征得对方的同意，并在必要时找到责任人。

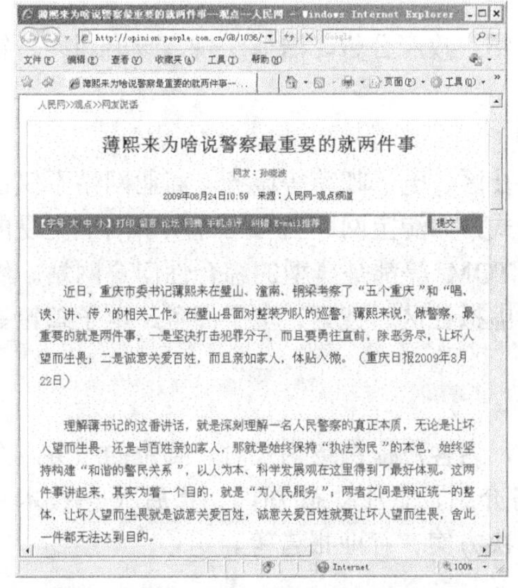

人民网>>观点>>网友说话

薄熙来为啥说警察最重要的就两件事

网友：孙晓波

2009年08月24日10:59　来源：人民网-观点频道

近日，重庆市委书记薄熙来在璧山、潼南、铜梁考察了“五个重庆”和“唱、读、讲、传”的相关工作。在璧山县面对整装列队的巡警，薄熙来说，做警察，最重要的就是两件事，一是坚决打击犯罪分子，而且要勇往直前，除恶务尽，让坏人望而生畏；二是诚意关爱百姓，而且亲如家人，体贴入微。（重庆日报2009年8月22日）

理解薄书记的这番讲话，就是深刻理解一名人民警察的真正本质，无论是让坏人望而生畏，还是与百姓亲如家人，那就是始终保持“执法为民”的本色，始终坚持构建“和谐的警民关系”，以人为本、科学发展观在这里得到了最好体现。这两件事讲起来，其实为着一个目的，就是“为人民服务”；两者之间是辩证统一的整体，让坏人望而生畏就是诚意关爱百姓，诚意关爱百姓就要让坏人望而生畏，舍此一件都无法达到目的。

图 2-8　人民网观点频道发布的网友文章

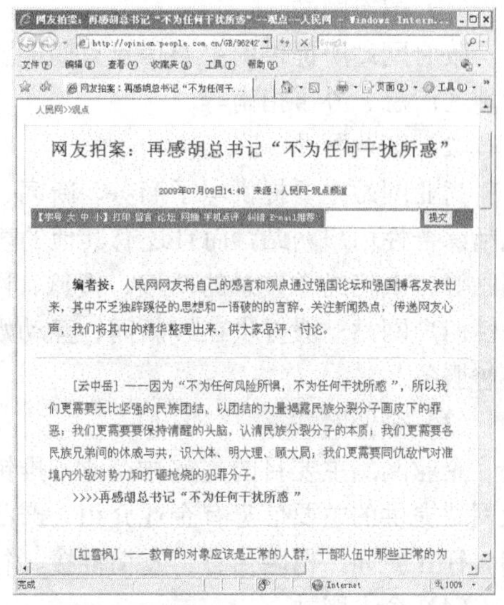

人民网>>观点

网友拍案：再感胡总书记“不为任何干扰所惑”

2009年07月09日14:49　来源：人民网-观点频道

编者按：人民网网友将自己的感言和观点通过强国论坛和强国博客发表出来，其中不乏独辟蹊径的思想和一语破的的言辞。关注新闻热点，传递网友心声，我们将其中的精华整理出来，供大家品评、讨论。

[云中岳] ——因为“不为任何风险所惧，不为任何干扰所惑”，所以我们更需要无比坚强的民族团结，以团结的力量揭露民族分裂分子画皮下的罪恶；我们更需要要保持清醒的头脑，认清民族分裂分子的本质；我们更需要各民族兄弟间的休戚与共，识大体、明大理、顾大局；我们更需要同仇敌忾对准境内外敌对势力和打砸抢烧的犯罪分子。

>>>>再感胡总书记“不为任何干扰所惑”

[红雪枫] ——教育的对象应该是正常的人群，干部队伍中那些正常的为

图 2-9　人民网整理网友观点形成的文章

相关知识

1. 网络信息的分类

按照信息本身存在的形式，可把网络信息资源划分为文字信息、图片信息、图表信息、动画信息、音频信息、视频信息六种类型。文字信息占的比重最大，但是在网络信息中，文字信息与其他几种形式结合起来的多媒体信息占的比重也越来越大。

按照信息的内容属性划分，可把网络信息资源划分为新闻信息、学术信息、娱乐信息、教育信息、科技信息、商务信息、体育信息、财经信息、法律信息等几个大的方面，其中有相互交叉的地方，每一个大的类别下根据内容又可划分为不同的小类。按照信息的内容进行归类是网站频道划分的常用方法，因为这种划分方式便于网络信息的归类。

按人类信息交流的方式可将网络信息划分为非正式出版信息、半非正式出版信息、正式出版信息。非正式出版信息如电子邮件、电子会议、电子公告栏等。正式出版信息是指受到一定产权保护、信息质量可靠的信息，如各种网络数据库、电子杂志、电子图书等。半非正式出版信息即灰色信息，介于以上两者之间，指受到一定产权保护但没有正式出版信息系统的信息，如各学术团体、机构、企业等单位宣传自己或产品的信息。

按开发主体可将网络信息划分为科研院所站点信息、企业公司站点信息、政府机构站点信息、服务机构站点信息。

2. 网站的类型

根据经营主体的不同，网站可以分为以下几类：

（1）政府网站

政府网站所提供的主要信息有职能业务介绍、政府公告、法律法规、政府新闻、行业地区信息、办事指南等。

（2）商业网站

商业网站主要提供电子商务、新闻、网上社区、电子邮箱等服务。商业网站不仅仅包括综合性门户网站，而且还有其他的表现形式，如淘宝网、当当网等从事网上交易的网站等。人们经常登录的新浪、搜狐、网易、TOM 等都是典型的综合性门户网站。综合性门户网站一般提供在线新闻、互动娱乐、虚拟社区、搜索、电子商务、电子邮箱等多种服务。

（3）企业网站

企业网站主要目的是宣传企业、推销企业，为客户提供更为及时、到位的服务。企业网站提供的主要信息有企业介绍、产品/服务介绍、企业动态/新闻、售后服务/技术支持、行业新闻、招聘信息、友情链接、行业解决方案、行业报告等。

（4）个人网站

个人网站是相对于机构设置的网站而言。个人网站不受组织或利益团体的制约，拥有更大的自由和空间。个人网站所提供的主要信息有论坛、娱乐、学术讨论等。

举一反三

1）选取百度、Google 等常用的搜索引擎，对比两者的功能和特色，并尽可能使用其每一个功能，小组讨论搜索引擎的心得和技巧，以便提高自己信息收集的能力。

2）利用网络信息收集的各种途径，收集某一指定主题的信息。

3）根据网络信息的来源对收集的信息进行初步的价值判断。

子任务 2　筛选网络信息

子任务目标

- 理解网络信息的社会评价标准
- 掌握网络信息的价值判断标准

1. 依照价值标准对网络信息进行判断

网络信息的价值判断标准包括对信息真实性、权威性、时效性、趣味性及实用性的判断。

（1）网络信息的真实性

信息的真实性是指信息中涉及的事物是客观存在的，同时信息的各个要素都是真实的。判断信息的真实性，需要注意以下方面的内容：

1）查看信息来源。判断信息是否是真实的，首先应查明信息的初始来源，并通过对信息提供者的身份、背景等因素的考察。对于来历不明的信息，无论多么重要，也不能轻易使用。

2）判断信息要素。判断信息要素是否齐全，如事件发生的时间、地点、人物、原因、过程等，具备这些因素不仅能让读者获得必要的信息量，同时，在必要时，也可以用来与事实进行核对。

3）判断信息的准确性。信息的准确性包括文字和语言表述正确，能客观、准确地反映事实本身。文字信息表述的正确与否，在很大程度上影响着人们对信息的理解和交流，只有客观、准确的信息才能客观、准确地反映事实。此外，信息的准确性还包括稿件配图是否准确。

信息的真实性不仅要求信息在整体上是客观存在的，对信息的细节也要做考察与分析，可以通过逻辑推理、调查以及与有关方面或有关资料进行核对等方法，对信息进行深入的判断。信息中所引用的一切资料，都要有可靠的来源，最好能交代清楚。

案例 2-1：2008 年十大假新闻之“北京房地产商协会会长赞成炸掉故宫盖住宅”

【刊播媒体】《东方今报》

【发表时间】2008 年 3 月 25 日

【作者】余东

【“新闻”】“账其实很好算，与其每年花十多亿元维修，不如干脆炸掉故宫，彻底改造成建筑用地，大大解决北京土地资源匮乏引起的房价暴涨。”

近日，一位房地产商通过媒体发出此番“肺腑之言”。对此，北京房地产商协会会长胡云景表示认可。他表示，如果将故宫占的土地全部改为建筑用地，约可以提供 2400 万平方米的可居住面积，至少可以为 120 万人提供住房，北京住房价格届时会有大幅下降。

【真相】网友“那年那月那天”2008 年 3 月 26 日凌晨在红网论坛发帖，指出：“这也太假了吧，两年前网友恶搞的帖子竟然又被当作新闻发出来了。”原来，《信息时报》早在 2006 年 5 月 30 日已有报道，揭露《北京房地产商建议炸掉故宫改为建筑用地》是假新闻。当时该报记者从网上发现了这个帖子的原始版本，题目是《阻碍开发建设，专家建议炸故宫》。在这个原始帖子里，发帖人写了一个编首语——“需要先阐明的是，这篇所谓的新闻是作者个人炮制出来的文学作品，并非事实。令作者写作此文的原因是以下事实新闻：阻碍长江开发建设，专家建议炸掉南京长江大桥。由南京长江大桥类推至北京故宫，虽然作者行文激愤，但也并非是杞人忧天。”作者署名“网易乱弹日报”。原来，这只是网友的一篇“乱弹”，但经过千百次的转载后，发帖人的“编首语”已经被人有意无意地去掉，文中的人名也做了改动，剩下一篇“几可乱真”的“新闻”，让众多难辨真假的网民白白激愤了一回。而且更发噱的是，两年后这条“新闻”居然又东山再起、卷土重来。

【点评】今天的记者生逢其时，借助互联网的威力，可以将新闻的触角无限地伸展到任何遥不可及的地方。然而，任何事物都有其利弊，互联网亦然。据粗略的统计，当今世界平均每秒诞生1.4个博客、新增博客文章17篇，世界上博客文章的总数约为13.5亿，相当于数百万本书籍的内容。面对如此浩瀚的信息海洋，谁能保证其真实的成分究竟有几何？记者若想以博客中的内容作为报道的依据，无异于竹篮打水。近年来频频出笼的假新闻，就是必然的结局。结论是，想要让虚拟的根茎结出真实的果实，要么是痴人说梦，要么是智商为零。

（资料来源：人民网，http://media.people.com.cn/GB/22114/49489/147164/8861095.html.）

案例分析：网络编辑在转载信息时，首先要确认信息是否真实。判断信息是否真实，首先应查明信息的初始来源。从案例中可以知道这篇稿件的最初来源是两年前某论坛网友恶搞的帖子，从来源我们不难判断此新闻为虚假新闻。来源于两年前网友恶搞的帖子经过无数次的转载后，竟然堂而皇之的登载在报纸上，媒体从业人员的社会责任感的缺失可见一斑。

案例思考：作为网络编辑，你觉得应如何控制虚假信息的产生？

（2）网络信息的权威性

保证信息的权威性是保证信息质量的一个重要方面，也是逐步提高网站知名度与影响力的一个重要方面。

判断信息的权威性，需要注意以下几个方面的内容：

1）查看信息来源是否具有权威性，考察来源网站的权威性与知名度。一般来说，权威机构或者知名机构发布的信息在质量上比较可靠。

2）查看稿件作者的情况，如作者的声誉与知名度，作者的联系方式等。通常某领域的著名专家、学者或者社会知名人士发布的信息可信度较高，更能赢得用户的信任。

3）对于一些涉及重大问题的研究成果，同时还要考察其研究方法是否科学、研究是否具有代表性、普遍性等，以此判断研究结论是否具有权威性。

对于从网络中得到的各种信息，最好能把他与同类信息做一个比较，特别是其中的一些数据，通过比较可以发现这些信息之间是否有差别，从而进一步去找到最具权威性的材料。

（3）网络信息的时效性

信息的时效性是指信息的新旧程度，即与社会现实、科技前沿的接近程度。信息时效性的重要性，主要表现在他是各种网站之间进行竞争、吸引用户的一个主要手段。如果信息的时效性太差，那么对用户来说，信息的可使用性较差。此外，由于时过境迁，一些信息要素在经过一段时间后，会发生变化，所以有些陈旧信息的准确性也会受到影响。

在信息时效性的判断方面，要注意以下几种不同的情况：

1）信息中涉及的事实本身的发生或变动是突发性的或者跃进性的。对于这类事实，在第一时间里做的报道，就具有很强的时效性。

2）事实本身的变化是渐进的，即表现为一个过程，如一个活动的开展，一种现象的发展等。对于这类事实，在事实变动中找到一个最新、最近的时间点，就可以体现时效性。

3）有些信息所涉及的事件虽然是过去发生的，但最近才发现或披露出来，那么这类信息可以通过使用“由头”的办法加以弥补，即说明自己得到信息的最新时间和来源。如图 2-10 所示，虽然文中的数据是去年的，但是通过说明得到信息的来源和时间体现了时效性。

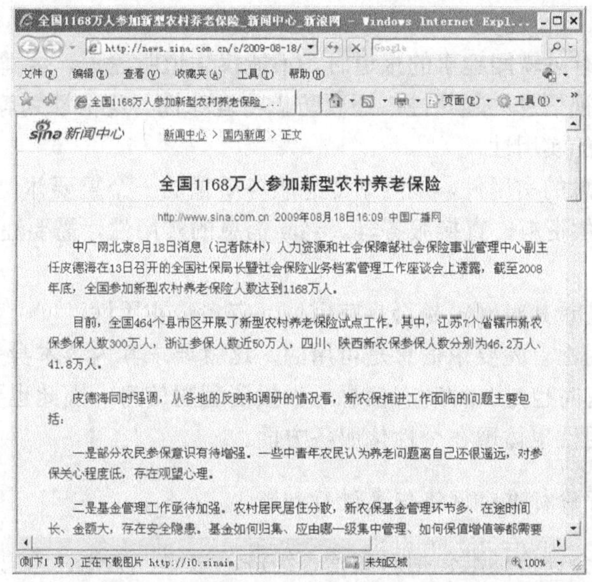

全国1168万人参加新型农村养老保险_新闻中心_新浪网 - Windows Internet Explorer

sina新闻中心　新闻中心 > 国内新闻 > 正文

全国1168万人参加新型农村养老保险

http://www.sina.com.cn 2009年08月18日16:09 中国广播网

中广网北京8月18日消息（记者陈朴）人力资源和社会保障部社会保险事业管理中心副主任皮德海在13日召开的全国社保局长暨社会保险业务档案管理工作座谈会上透露，截至2008年底，全国参加新型农村养老保险人数达到1168万人。

目前，全国464个县市区开展了新型农村养老保险试点工作。其中，江苏7个省辖市新农保参保人数300万人，浙江参保人数近50万人，四川、陕西新农保参保人数分别为46.2万人、41.8万人。

皮德海同时强调，从各地的反映和调研的情况看，新农保推进工作面临的问题主要包括：

一是部分农民参保意识有待增强。一些中青年农民认为养老问题离自己还很遥远，对参保关心程度低，存在观望心理。

二是基金管理工作亟待加强。农村居民居住分散，新农保基金管理环节多、在途时间长、金额大，存在安全隐患。基金如何归集、应由哪一级集中管理、如何保值增值等都需要

图 2-10　新浪网-转载中国广播网的新闻

4）预告一件事实的发生，预告一旦成立，马上进行报道，就是“及时”。预告就是新闻由头，有时候他本身就是新闻。如图 2-11 的新闻，虽然事件还没有发生，但是通过预告时间的发生，体现了时效性。

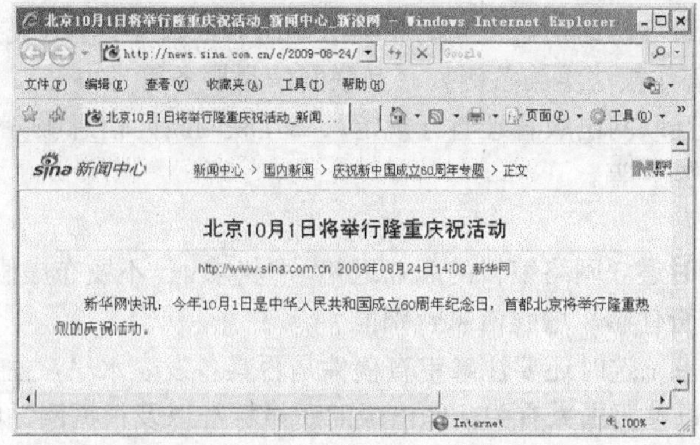

北京10月1日将举行隆重庆祝活动_新闻中心_新浪网 - Windows Internet Explorer

sina新闻中心　新闻中心 > 国内新闻 > 庆祝新中国成立60周年专题 > 正文

北京10月1日将举行隆重庆祝活动

http://www.sina.com.cn 2009年08月24日14:08 新华网

新华网快讯：今年10月1日是中华人民共和国成立60周年纪念日，首都北京将举行隆重热烈的庆祝活动。

图 2-11　新浪网-转载新华网的消息

（4）网络信息的趣味性

从用户角度来说，上网是休闲的一个手段，当一个读者获得一条新闻后，他关心的可能并不是新闻的内容，而是这条新闻会不会成为与别人聊天时的谈资。因此，趣味性在网上新闻中的价值就相应增大了。信息的趣味性可以表现为两种情况：

1）信息本身内容轻松有趣，能让人读后心情愉快。按照一般心理，人们喜欢轻松幽默的文字、轶闻趣事，或有关动物、自然的话题等。

2）趣味性也可表现为他能引发人们的情感。如人的爱憎、喜悦、同情等各种感情，这也被称为人情味。

但是，在提供有关轶闻趣事的报道时，不能仅凭道听途说，传播一些没有根据的小道消息。另外，重视信息的趣味性，还要防止将趣味性与庸俗性划等号。

（5）网络信息的实用性

网站提供的信息的实用性，是网站信息服务质量的一个重要体现。实用性具体可表现为介绍知识、提供资料、直接服务等。判断信息的实用性，需要注意以下几个方面的内容：

1）主要标准是看其对网民是否具有用处、有多少实用性。

2）信息的实用性首先要求信息是可用的，这就要求其内容本身是真实、权威的。

3）实用信息有时也是一种动态信息，如投资理财信息，因此也要注意时效性。

4）信息的实用性也体现在个性化服务方面。

2. 依照社会评价标准对网络信息进行判断

网络信息的社会评价标准包括对政治、经济、法律、文化、道德等各方面可能产生的社会效果的评价。

（1）政治规范

政治规范要求稿件与我国媒体的宣传方针一致，坚持团结、稳定，鼓励正面宣传为主的方针，对党的各项方针政策有较好的掌握，把握正确的舆论导向。

（2）法律规范

网络编辑需要遵守网络信息发布的相关法律法规，如《中华人民共和国著作权法》、《中华人民共和国著作权法实施条例》、《互联网信息服务管理办法》、《互联网电子公告服务管理规定》、《互联网出版管理暂行规定》、《互联网新闻信息服务管理规定》、《信息网络传播权保护条例》等。

（3）道德规范

这要求在选稿时遵守网络编辑的职业道德，严格求证，不发布虚假信息和不良信息，不断增强自身社会责任感，增强信息甄别能力。

此外，网络信息筛选时还要注意审查稿件是否具备发表水平，主要从内容和格式两方面进行审查。可以参照国家有关新闻出版的质量标准以及根据网站的有关质量标准进行审查。对于新闻类信息，还要根据新闻写作的基本原则和规律进行审查。

3. 依照网站自身规范对网络信息进行判断

除了遵循网络信息价值判断标准、社会评价标准之外，在筛选信息时，网络编辑还需要遵守网站自身制定的规范。

案例 2-2：某网站编辑规范（有删节）

1. 内容编辑方针

1）坚持正面宣传为主，正确把握舆论导向，与党和政府的宣传口径保持一致。

2）以网民需要为出发点，不遗漏用户关心的重要新闻，不断充实网页内容，提供更周到的服务。

3）提倡"抢新闻"和适时发布，缩短与事件发生和信息源的时差。

4）杜绝政治性错误，避免知识性、文字性差错。

5）学习网络媒体经验，集众家之长。

6）鼓励和提倡信息内容的再加工和处理，避免简单的重复和拷贝，杜绝 I-C-P(Internet Copy Paste)不良倾向。

2. 编辑要求

2.1 选稿

1）摸准媒体更新规律，及时捕捉新闻，选用价值高、可读性强、具有知识性、实用性、趣味性的新闻稿件。

2）对热点新闻注意从不同角度选稿，多方面报道，连续报道，深度分析，形成气候，但内容相同的只选一篇。

3）信息量达到不漏重要新闻外，还要捕捉更多能吸引人的新闻。

4）不得选用与中央宣传口径不一致、中伤国家、不利于祖国统一、攻击党、政府和国家领导人、违反民族宗教外交及其他政策，以及宣扬封建迷信、色情、暴力和明显失实、泄密的稿件，选稿时要通读全文，绝对保证无上述内容。

5）报纸和新华社都有的，用新华社稿。

6）ICP 网站专稿慎用，其转抄稿找到原出处再用。

2.2 专稿和专题的制作

1）收集信息材料编写专稿和专题。

2）耳闻目睹新闻事件，抓住并采访，写成专稿。

3）收看实况转播，同步编发专稿。

4）从外文网站捕捉最新新闻，编译成专稿。

5）组织专访、座谈、同网友会面等活动写专稿。

6）编发网友来稿和社区讨论稿。

2.3 标题

1）力求简短、醒目、新颖、吸引人。

2）最好为一行题，不超过 14 个字。

3）特定媒体原题可省略地名或用代称的，应将地名标出。

4）标题首字符不得为空格，题中引号要用全角符号，重要标题可为黑体。

5）标题前图标一般用小黑点，专题的标题前图标由编辑自定。

2.4 电头

1）通讯社电头保留，报纸电头如保留，“本报”须改为报名。

2）台湾报纸或通讯社改为“台湾消息”、“台北消息”或“台湾媒体报道”。

2.5 标注信息源

1）防止错注为缺省源。

2）台湾报纸或通讯社新闻可直接采用的，不注信息源，经改编的，注本网。

3）信息为转载的，最好去找原出处，否则，仍以最后出处为信息源。

2.6 正文

1）分段，文章的段首空两格，与传统格式保持一致，因互联网上看文章较费眼睛，段与段之间空一行可以使文章更清晰易看。

2）沿用“今天”、“昨天”发生错误的，应改成具体日期。

3）不得出现“中华民国”、“民国”，不得将台产说成国产。对于台湾的一些内容必须引用的，要加引号，如台湾“国防部”。

4）稿件中的汉字、标点符号变成“?”、“□”或空格的，应据原稿改正。

5）港澳台和国外报纸译名与大陆译法不同，应改成规范译名，译名中的“·”不得写成“.”。

6）文中或署名不应出现“本报”字样，应改为报名或删去;文中出现的繁体字一律改成简体，标点用横排符号，文尾“完”字删去。

7）提倡缩编、精编，从报纸转成网络文稿，常常形成完全或基本雷同的两段文字，应删去雷同部分。

8）杜绝错字、别字和自造字，注意平时积累。

2.7 图片

1）除充分利用现成的图文稿件外，可将分别报道的图片新闻与文字新闻加以组合，以利网民阅读。

2）用压缩技术提高显示速度。

3）保证图片不变形。

4）图形文件扩展名必须为“JPG”和“GIF”。

5）图形文件大小不能超过5KB。

3. 审稿制度

1）每个编辑所发稿件，自己要认真审查一遍。

2）两个编辑负责一个频道的，要互相将另一人的稿件复审一遍。三人组成的，则分工复审。部门监制要对内容负责，监督主编、编辑的信息发布。

3）编辑没有把握的稿件，经监制、主编审后再发。

4）监制、主编抽查已发稿件。

5）对于把握不好的信息，要向网审请示，杜绝自以为是，想当然的做法。

（资料来源：张栋伟，http://home.donews.com/donews/article/3/33876.html.）

案例分析：从上述信息发布规范中，可以看到在筛选信息时，网络编辑并不是简单的转载，筛选信息需要遵循一定的规范，选用新闻价值高、可读性强、具有知识性、实用性、趣味性的稿件，所选稿件来源要权威，此外内容上还需要进行很多加工，包括标题、电头、正文、图片等。

相关知识

网络信息筛选的基本步骤

网络信息的筛选是一个动态的过程，一般要经过三个阶段：

（1）粗选

粗选即网络编辑按照信息筛选的标准对稿件质量和内容进行初步筛选，从中挑选出可用的稿件。

（2）精选

精选是网络编辑对稿件进一步的细致选择，重点是对每一篇稿件内容、价值、文字等各方面进行认真的考察，以便保证每篇稿件内容的真实性、准确性、权威性、时效性、有价值，格式上清晰合理，符合网站传播要求。在精选阶段，一般根据稿件价值大小分为不同的级别，然后根据各个频道的需求，上传到各个频道，将重要信息放到首页及醒目位置传播。一般稿件经过精选阶段就可以上网传播了；有的网站还需要责任编辑的进一步审核后才能上网传播。

（3）更新

网站信息积累到一定程度，会造成信息的庞杂和重复，这就需要网络编辑对已经发布的信息进行再次选择；同时，网络信息时效性的要求会使一些错误或虚假的信息出现在网站上，需要网络编辑及时更正处理，这也是对信息的又一次筛选。这一阶段也就是对选取的信息进行修正、增补，进行精加工。

举一反三

1）利用网络信息的价值判断标准对子任务 1 中收集到的信息进行筛选。

2）利用网络信息的社会评价标准对子任务 1 中收集到的信息进行筛选。

3）利用案例 2-2 中的规范对子任务 1 中收集到的信息进行筛选。

子任务 3 归类网络信息

子任务目标

- 了解关键词的设置方法
- 掌握网络信息归类的方式

1. 确定网络稿件的关键词

网络信息在经过筛选之后，接下来就要涉及到网络稿件的归类了。一般借助于关键词确定稿件的主题和分类。关键词判断得准确，不仅有助于稿件分类，而且还有助于对文章添加相关稿件的链接。

对于网络文稿而言，关键词一般是表明文章主题的那些词语，但又不局限于此，其意义更为宽泛。他以名词为主，包括人物、事件、人物所属领域，事件所属领域或所影响的领域等。读者能够透过关键词准确把握住客观事物，知道所获信息与谁有关，对哪些人有影响，于己是否有价值等。一篇文章可以有多个关键词，关键词选择的不同，稿件的归类也可能不同。在确定关键词时，需要考虑到以下因素：

1）寻找文中多次出现的词。一般文中出现多次的词，通常是表明文章主题的。

2）注意文章的题名、摘要、层次标题和正文的重要段落。因为题名、摘要、层次标题和正文的重要段落本身就是经过作者提炼的、隐含着关键的信息。如图 2-12 中的稿件内容是关于乌鲁木齐“7・5”事件的，关键词就可以设置为“乌鲁木齐”、“7・5 事件”。

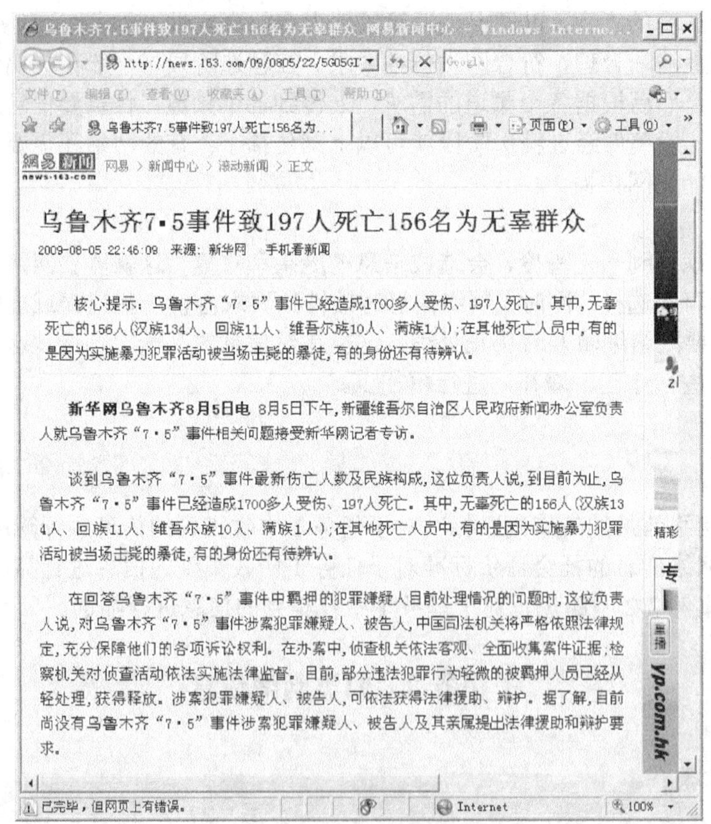

乌鲁木齐7·5事件致197人死亡156名为无辜群众

2009-08-05 22:46:09 来源：新华网 手机看新闻

核心提示：乌鲁木齐“7・5”事件已经造成1700多人受伤、197人死亡。其中，无辜死亡的156人（汉族134人、回族11人、维吾尔族10人、满族1人）；在其他死亡人员中，有的是因为实施暴力犯罪活动被当场击毙的暴徒，有的身份还有待辨认。

新华网乌鲁木齐8月5日电 8月5日下午，新疆维吾尔自治区人民政府新闻办公室负责人就乌鲁木齐“7・5”事件相关问题接受新华网记者专访。

谈到乌鲁木齐“7・5”事件最新伤亡人数及民族构成，这位负责人说，到目前为止，乌鲁木齐“7・5”事件已经造成1700多人受伤、197人死亡。其中，无辜死亡的156人（汉族134人、回族11人、维吾尔族10人、满族1人）；在其他死亡人员中，有的是因为实施暴力犯罪活动被当场击毙的暴徒，有的身份还有待辨认。

在回答乌鲁木齐“7・5”事件中羁押的犯罪嫌疑人目前处理情况的问题时，这位负责人说，对乌鲁木齐“7・5”事件涉案犯罪嫌疑人、被告人，中国司法机关将严格依照法律规定，充分保障他们的各项诉讼权利。在办案中，侦查机关依法客观、全面收集案件证据，检察机关对侦查活动依法实施法律监督。目前，部分违法犯罪行为轻微的被羁押人员已经从轻处理，获得释放。涉案犯罪嫌疑人、被告人，可依法获得法律援助、辩护。据了解，目前尚没有乌鲁木齐“7・5”事件涉案犯罪嫌疑人、被告人及其亲属提出法律援助和辩护要求。

图 2-12 网易-转载新华网的稿件

3）有时可根据人物的知名度及影响的重要程度来选择关键词。对于稿件中的关键人物，如果具有较高的知名度，可以设为关键词。

4）从事件的影响方面来考虑，关键词的选取尽量与读者的关注点相吻合，尽量将文章放到大多数人认同的类别中。

如果稿件中设定了几个方向的关键词，这几个关键词对应于不同的类别，那么可以将稿件归到一个主要类别或多个类别中。具体操作应以网站的规定为准。

2. 对网络稿件进行归类

网络稿件归类是指根据网站内容属性、受众和其他特征将网络文稿分门别类地归入网站既定频道和栏目中。网络信息归类的作用在于提示出网站各类信息的内容，便于网民浏览查找，便于编辑管理和开展工作。网络稿件归类有不同的角度和标准，具体如下：

（1）按内容性质进行归类

门户或新闻网站中常见的栏目有时政、国际、经济、社会、军事、体育、娱乐、文化、环保、科技等，这些均是按照内容进行栏目划分和稿件归类的，几乎所有的网站都采用这种归类方式。

（2）按地域进行归类

网站上各省市或各区域栏目是按照地域进行归类的。地方频道中的稿件大都是由地方媒体或地方频道记者提供的，或是稿件中所涉及的事件发生在该地，这也是网络文稿归类的一种常用方法。

（3）按信息形式进行归类

从信息形式看，网站内容分文字、图片、动画、视频、音频等类型。目前看来，文字仍然是网站内容信息的主要形式，视频和图片是辅助性的信息形式。可以把图片、图表、Flash、音频、视频等形式的稿件放入相关的栏目中，也可以把他们与文字搭配使用。如“图片”、“视频新闻”、“图表新闻”等常见栏目，这是按照信息形式进行归类的。

（4）按时效性和重要性进行归类

这种归类方式充分利用读者对文稿时效性和重要新闻的关注，可以有效地吸引读者注意，这两种方式大量地运用于网站栏目中。频道的先后顺序和栏目的前后排列已隐性地体现稿件的重要程度，单设相关频道或栏目无疑再次提醒受众关注该栏目及内容。如常见的“24 小时滚动新闻”等栏目就是从时效性角度对网络文稿进行归类，而“每日新闻排行榜”、“每周新闻排行榜”等则是按照重要性对稿件进行归类。

（5）按体裁形式进行归类

文学类稿件，从体裁上分为小说、散文、诗歌、杂文等。新闻分为消息、通讯、评论、特写等不同体裁。评论类的稿件往往被单独划分为一个栏目，而消息、通讯等则直接归到时政、财经、国际等栏目中。

（6）按作者进行归类

按作者对稿件进行归类，可满足受众对不同作者和不同风格作品的需求，这种归类方式经常用在博客、专栏中。

（7）按来源进行归类

为了强调网站原创性栏目及网友原创内容，网站可以根据稿件来源设置相关栏目。如“论坛热帖”、“博文推荐”、“网友看法”等栏目就是按照稿件来源划分的。

稿件归类是多数网络编辑的日常工作之一，稿件归类的方法很多，这里只涉及一些基本的归类方法。在实践中，既可以以某方法为主，把文稿归入最合适的栏目，也可以多种方法并用，把文稿归入不同栏目中。此外，如果一篇稿件放到过多的栏目中，可能会引起读者的不满。因此，当一篇稿件可以归到不同的栏目时，编辑应与相关栏目的编辑进行协商，以便将稿件归入到适合的一个或几个栏目中。

案例 2-3：人民网的栏目设置

人民网创办于 1997 年 1 月 1 日，是世界十大报纸之一《人民日报》建设的以新闻为主的大型网上信息交互平台，也是国际互联网上最大的综合性网络媒体之一。图 2-13 为人民网的网站地图。

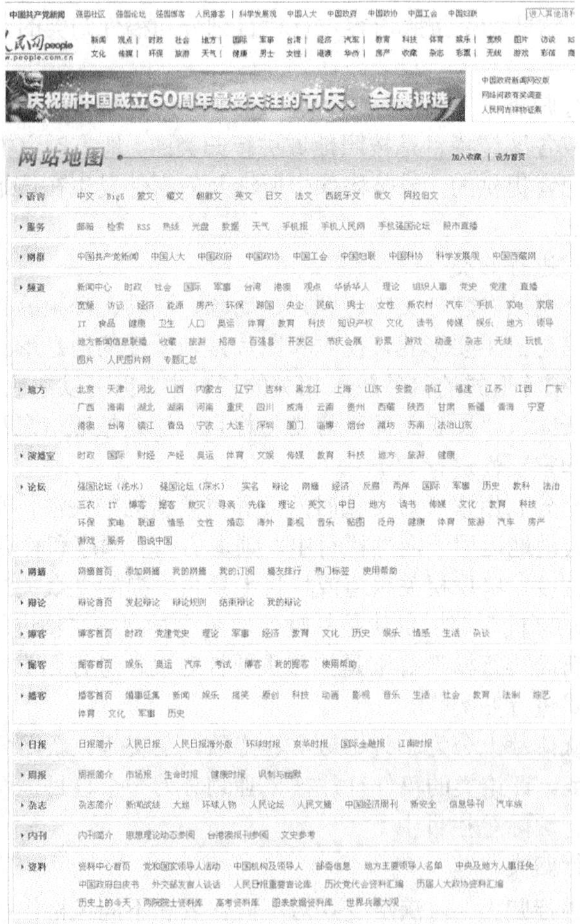

图 2-13　人民网的网站地图

案例分析：人民网栏目设置齐全，内容丰富。时政、社会、国际、军事、经济、教育、娱乐、旅游等频道是按照内容属性划分的；地方频道的各个栏目则是按照地域划分的；图片、宽频、图表等栏目则是按照信息形式划分的；频道下面设置的二级栏目的划分方式则几乎涵盖了上述的所有栏目划分方式。

相关知识

网站内容组织的层次结构

结构设计合理的网站，人们能容易地找到所需信息，反之，人们就会被网站海量信息所淹没。因此，网站内容必须以合理的结构被有效组织起来。网站的结构是指网站信息组织的基本框架和层次，其显示了网站各个网页之间的逻辑关系。

（1）线性结构

网页的线性组织结构形式如图 2-14 所示，所有页面具有同等的地位，用户的浏览过程是从一个页面到另一个页面的水平流动。

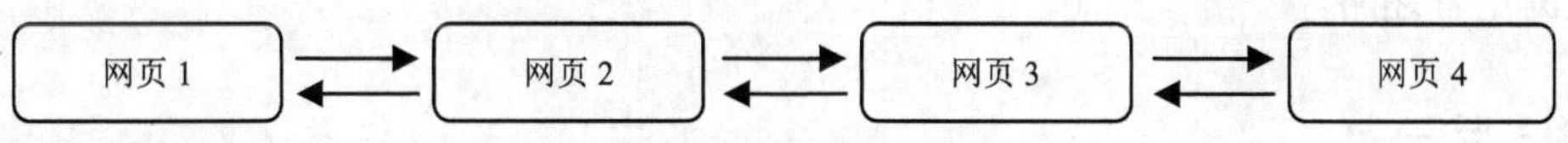

图 2-14　网页的线性结构

网页的线性组织结构形式一般用于信息量较少的小型网站、索引站点，或用来组织网站中的一部分内容。

（2）树状结构

网页的树状组织结构形式如图 2-15 所示，网站首页中往往设立若干个主要频道或栏目，每个频道或栏目中的信息再分成一些栏目或子栏目，每个子栏目中是一篇篇的文章内容页面。

网页的树状组织结构浏览时，一级级进入，一级级退出，条理清晰，浏览者能够明确知道自己在什么位置，不会迷路，但是其浏览效率较低。

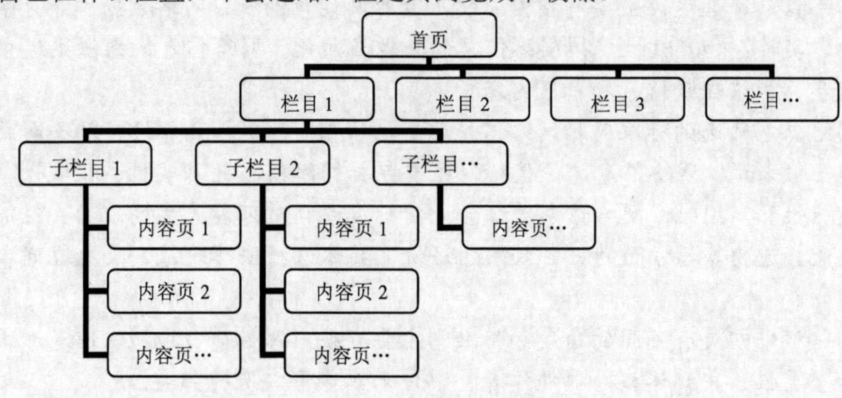

图 2-15　网页的树状结构

（3）网状结构

网页的网状组织结构如图 2-16 所示，每个页面相互之间都有链接。

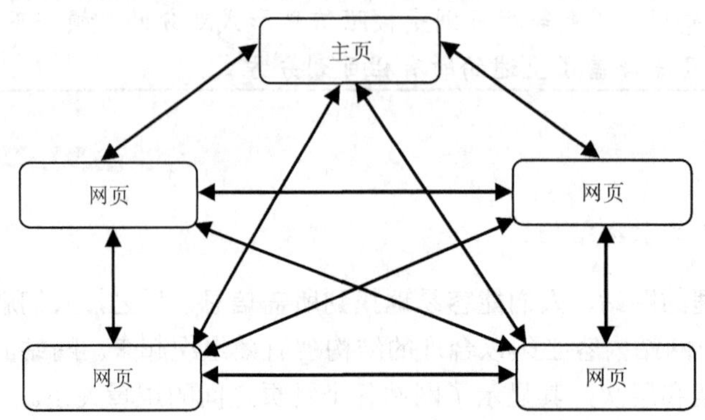

图 2-16　网页的网状结构

网页的网状组织结构浏览方便，随时可以到达自己喜欢的页面，但是链接太多，容易使浏览者迷路。

举一反三

1）选取新浪等网站某一天的 10 条新闻，并给每条新闻设置 2～3 个关键词。

2）根据设置的关键词，对上述新闻进行归类。

3）将自己的归类方式和网站的归类方式进行对比。

任务总结

本章通过一个网络信息筛选的任务模拟了网络信息筛选的过程，主要讲述了网络信息收集的途径、网络信息的来源、网络信息筛选的标准及网络信息的归类操作等内容。

网络信息筛选途径主要有搜索引擎、专业网站、论坛、网络数据库等。网络的互动性、实时性和开放性使得网络信息的来源多元化。网络信息的来源渠道主要有原创信息、协议转载信息和社区内容。

网络信息筛选的标准包括网络信息筛选的价值标准、社会评价标准及网站自身规范。一般来说，网络信息的价值标准主要包括网络信息的真实性、权威性、时效性、趣味性和实用性；网络信息的社会评价标准包括对可能产生的政治、经济、法律、文化、道德等各方面的社会效果的评价，具体包括法律规范、政治规范和道德规范。

网络稿件归类有不同的角度和标准，主要有按内容性质、地域、信息形式、时效性和重要性、文稿体裁、稿件作者、稿件来源等形式进行归类。

练 习 题

一、单项选择题

1．一个事件是过去发生的，但是新近才发现或披露出来，为了使与他有关的报道显得更有时效性，可以通过加入（　　）的方法来弥补。

A．导语　　B．背景　　C．由头　　D．内容提要

2．时政、财经、教育、科技等栏目是根据稿件的（　　）来分类的。

A．体裁　　B．主题　　C．地域　　D．来源

3．以下不属于网络信息原创方式的是（　　）。

A．组织人员对热点事件追踪报道

B．特约比较有影响力的评论员在自己网站开设专栏

C．网站的编辑队伍通过各种渠道对内容进行发掘搜集，并经过进一步的加工整理

D．转载其他网站信息

4．信息中涉及的事实本身的发生或变动是突发性的或者跃进性的。对于这类事实，其体现时效性的方法是（　　）。

A．在第一时间里做报道　　B．找到一个最新、最近的时间点

C．通过使用“由头”　　D．无法体现

5．稿件通常被单独划分为一个栏目的体裁是（　　）。

A．评论　　B．消息　　C．通讯　　D．特写

6．网络稿件的关键词通常是表明（　　)的那些词语。

A．主要人物　　B．事件所属的领域

C．事件发生的时间　　D．文章主题

7．“最新新闻”是根据稿件的（　　）进行归类的。

A．体裁　　B．来源　　C．重要性　　D．时效性

8．介绍知识、提供资料、直接服务等，体现的是（　　）。

A．网络信息的实用性　　B．网络信息的真实性

C．网络信息的权威性　　D．网络信息的趣味性

9．网友在论坛中发表的各类信息，是网站内容的一个重要资源，论坛中的文章（　　）。

A．长度适中　　B．内容观点一致

C．质量参差不齐　　D．质量通常较高

10．对于转载国内其他网站信息，下面说法错误的是（　　）。

A．可以任意转载　　B．寻找信息的源头

C．应该取得对方的同意　　D．考察该网站是否有登载新闻的资格

二、简答题

1．网络信息筛选的标准有哪些？
2．网络信息收集的途径有哪些？
3．从网站自身角度而言，网络信息的来源有哪些？
4．网络信息筛选的价值判断标准包括哪些内容？
5．网络信息常见的归类方式有哪些？
6．网络信息的来源有哪些？
7．如何判断网络信息的真实性？
8．网站在转载信息时应该注意哪些问题？

任务3 编辑网络信息

任务提出

小李在顺利完成网络信息的筛选和归类后，需要对收集、筛选的信息内容进行进一步编辑，从而使信息便于被快速浏览及深入阅读。

任务分析

本次的任务主要是对已筛选归类的信息进行编辑。具体来说，本次任务涉及如下内容：

1）修改网络稿件。网络稿件中存在着各种问题，这就要求小李了解网络稿件报道新闻事实的基本要求，并结合信息的实际情况和网站的自身定位对网络稿件进行修改。

2）为网络稿件拟定合适的标题。标题是稿件的眼睛，不同类型的标题将给稿件带来不同的效果。因此，需要小李了解网络稿件标题的构成要素、特点、功能、制作原则以及制作技巧，以便达到预期的效果。

3）选取网络信息的关键词。为网络稿件设置和选择关键词，便于信息被浏览、搜索。这就需要小李了解关键词的作用、选取和设置关键词的原则等知识，并能在对网络稿件的标题及内容进行分析的基础上为网络稿件设置合适的关键词。

4）运用超链接来改写文章。超链接是网站的灵魂，能帮助用户克服网络信息查找、采集和利用过程中的困难与不便。这就需要小李掌握有关超链接的知识，以便满足网民个性化的需要，提高信息传播的效率。

任务分解

为了完成以上内容，可以把本任务分解成如下4个子任务。

子任务1：编辑网络稿件的文字；

子任务2：制作网络稿件的标题；

子任务3：设置关键词；

子任务4：运用超链接。

下面分别对这些任务的目标进行确认，并对任务的实施给予理论和实践上的指导。

子任务1　编辑网络稿件文字

子任务目标

- 了解网络稿件报道新闻事实的基本要求
- 了解核实和订正新闻事实的主要方法
- 理解网络稿件存在的主要问题
- 掌握网络文稿的修改方法
- 掌握网络文稿校对的主要方法

1. 了解网络稿件中存在的主要问题

（1）政治性错误

新闻中体现的观点不能与党和国家的路线、方针、政策相违背。在对领导人的新闻报道中，要特别注意新闻中报道的观点和事实是否符合大政方针，是否客观准确地对事实进行了报道。由于政治性错误容易激化矛盾，造成社会的影响大，往往成为稿件修改中最应关注的问题。因此，在编辑工作中要坚决杜绝政治性错误。

（2）事实性错误

新闻事实出现差错主要表现在新闻的几个基本要素方面：时间、地点、人物、原因、经过和结果。

（3）知识性错误

知识性错误主要是指稿件中出现的诸如诗词引用不准确，历史事件的时间、地点、人物差错，地理知识紊乱以及其他学科知识误用等。

（4）辞章性错误

辞章性错误主要是指文字表达方面的问题，如错别字、语法错误、标点符号错用、数字及单位使用不规范等，这是稿件修改中最常见的错误。

（5）行为格式不规范

行文格式不统一会影响阅读效果和传播效果，如字体字号变化无规律，段首不空格，不该换行换段的随意换行换段，标题分行但字体字号无变化，同级标题不统一。

（6）语言表述不准确

1）时间表述不准确。传统媒体的新闻时效性强，往往用“昨日”、“今日”等表述时间，不写确切日期；转载网络信息时，如果生搬硬套就会导致网络文稿时间表述有误，有时会引起轩然大波。

2）地点表述不明确。传统媒体新闻中常用“本市”来指称新闻的发生地，网站转载时不加以修改会在全国、甚至全世界范围内因同名地点引起错觉或误读。

3）人物表述不清楚。主要人物的单位、职务等没有明确化，读者容易发生混淆。

（7）新闻报道有偏见

所谓新闻偏见，指的是对新闻所作的不公正的、不诚实的、自私的、不平衡的或者误导性的歪曲。他违背了新闻的真实性、客观性、公正性的原则。新闻报道有偏见，容易产生新闻失实和造假，严重的还会造成错误导向。

2. 修改网络稿件

文稿的修改是指用正确的内容形式替换稿件中错误的内容形式。网络稿件加工的方法主要有：

（1）稿件的校正

稿件的校正就是改正稿件中不正确的写法，包括稿件中的事实、思想、语法、修辞、逻辑等各个方面。校正的具体操作方式有：

1）替代。替代就是以正确的内容和叙述代替原稿中不正确的内容和叙述。用替代的方式修改稿件，看似不大的改动，有时甚至只是一个标点符号的替换，但他对于新闻报道的准确性具有重要意义。

2）删节。删节就是直接删除稿件中有差错的部分。采取删节方式处理稿件的前提是，被删除的内容不是至关重要的，不会因为这些内容被删而影响到整条新闻的真实性和准确性，也不会影响读者对新闻的理解。

3）加按语。加按语就是对稿件中的错误不直接改动，而以加按语的方式指出差错。

（2）稿件的压缩

稿件的压缩就是通过对稿件的删意、删句和删字，使原稿在内容上更加重点突出，在章节上更加紧凑，在表达上更加凝练。稿件的删除实际上是一种对稿件的压缩过程。稿件的删除有两种情况：

1）绝对性删除。对冗长、拖沓、啰嗦、缺乏可读性的原稿压缩篇幅、挤出水分、消除赘余为绝对性删除。

2）相对性删除。原稿本身不存在冗长、拖沓的问题，但因为版面有限不得不作的压缩称为相对性删除。

（3）稿件的增补

网络稿件增补的信息内容主要有：

1）扩充新闻价值大的部分。当遇到重要的国内新闻时，有不少传统媒体的网站都同步报道了此条新闻，网络编辑应该从不同消息来源的不同报道中，找出新闻价值大的部分，有机的补充到要发布的新闻中去。另外，当网络编辑判断某则新闻非常重要而又认为记者对新闻价值的挖掘还不到位时，编辑可以找到记者补充采访，也可以利用网络搜索补充相关信息。

2）增添回叙内容。增添回叙内容有助于网民更好地了解事实的来龙去脉和现实意义。回叙内容可以用一句话添加在新闻的开头，也可用一段话添加在新闻的中间或结尾处。

3）嵌入相关新闻和背景资料。嵌入相关新闻和背景资料是指对稿件内容作一些必要性的资料补充。资料的补充有助于满足网民深入阅读的需要，通过增补与稿件内容密切相关的资料，帮助网民进行理解。例如，新浪网 2009 年 10 月 8 日发布的题为“美探测器 9 日双重撞月找水 将激起大量尘埃（图）”的消息中，就附加了相关的阅读内容，如图 3-1 所示。

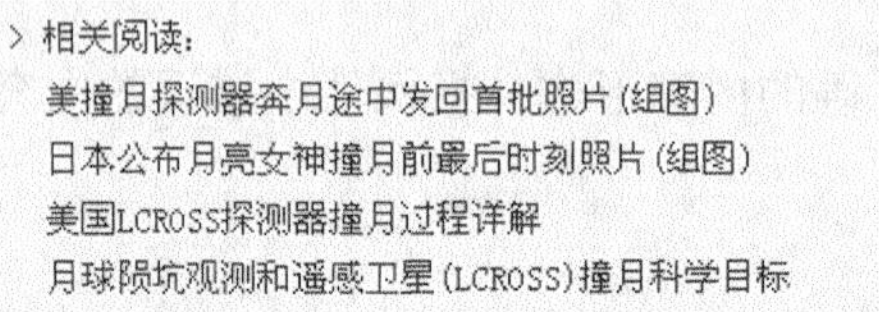

> 相关阅读：
美撞月探测器奔月途中发回首批照片（组图）
日本公布月亮女神撞月前最后时刻照片（组图）
美国LCROSS探测器撞月过程详解
月球陨坑观测和遥感卫星（LCROSS）撞月科学目标

图 3-1　新浪网-探测器 9 日双重撞月找水 将激起大量尘埃（图）消息中的相关阅读

4）增添必要的字句。增添必要的字句是由于某些环节的工作失误，或编辑在改稿过程中删除一些字句后出现的漏洞。例如，前后逻辑不通；前后人名对不上；语句不能顺利连接；缺少必要的字句等漏洞。

（4）稿件的改写

网络编辑在修改稿件时常会遇到稿件的内容和主题本身很有吸引力，但是作者的文笔不太令人满意，这时，就需要编辑对此类稿件做进一步加工，即改写。改写网络稿件的方法主要有：

1）综合改写。目前，国内商业网站还没有采访权，主要是采用转载其他媒介新闻的方式。在转载各方新闻时，行之有效的编辑手法之一就是对网络信息进行综合改写，有时需要把多个媒体发布的对同一新闻事件的不同报道取其精华综合为一篇报道，有时需要将同一新闻事件分不同时段滚动报道整合成为一篇新闻。

2）分篇改写。分篇是指在分析新闻的主题、材料的基础上，将稿件拆分成几个主题。一篇稿件线索繁多、观点紊乱、篇幅较长时，分篇处理是一种较为理想的选择，而在分篇的同时增加小标题加以突出并强调主题更是一种常见的方法。例如，搜狐网关于 09 年诺贝尔奖的报道，如图 3-2 所示，将这篇文章分为“阿达·约纳特：成该奖第 4 名女获奖者”、“托马斯·施泰茨：成功解决‘相位问题’”、“文卡特拉曼·拉马克里希南：一把‘尺子’测量核糖体”、“科研趋势：多人合作跨越时空”四个部分。

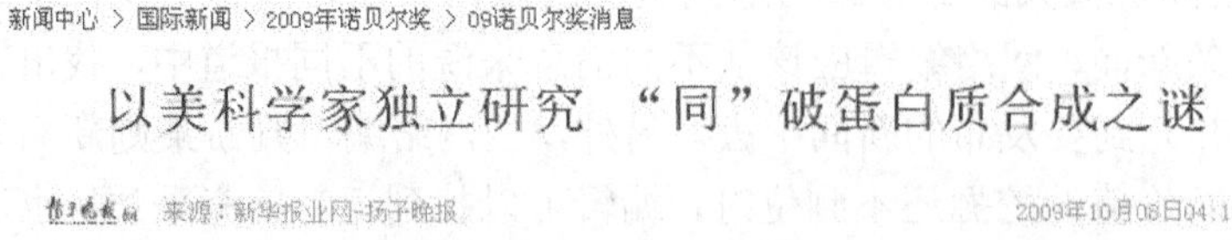

新闻中心 > 国际新闻 > 2009年诺贝尔奖 > 09诺贝尔奖消息

以美科学家独立研究 “同” 破蛋白质合成之谜

来源：新华报业网-扬子晚报　2009年10月08日04:10

图 3-2　搜狐网-以美科学家独立研究“同”破蛋白质合成之谜的消息标题

3）改写体裁。一定的体裁适用一定的内容，有时为了凸显原稿中的某一特定内容，并使其具有相应的功能，往往要求改变稿件的体裁。

4）改写结构。修改新闻的结构主要是指修改新闻的逻辑结构、时序结构，对新闻事实的重要性进行再判断，并按照更为适当的逻辑，对新闻事实的报道重新排列、组合，使新闻的结构更凸显新闻价值、更具有逻辑条理、更富有趣味和波澜起伏。

5）改写辞章。改写辞章错误主要包括：

改正错别字。错别字在稿件中出现的频率相当高。一旦在网络稿件中出现错别字，可能会产生歧义、阻碍阅读，更严重的是降低了网络媒体的公信力和相应水准。为了提高信息质量和传播效果，编辑应尽量消除错别字。

改正语法错误。稿件中常见的语法错误主要包括：用词错误、搭配不当、成分残缺、句式杂糅、逻辑问题、成分赘余、词语位置不当、指代不明等。

改正标点符号错误。标点符号是点号和标号的合称。点号主要表示说话时的停顿和语气，有句号、逗号、问号、叹号、顿号、分号、冒号7种；标号主要标明语句的性质和作用，常见的有引号、括号、省略号、破折号、着重号、连接号、书名号、间隔号和专名号9种。改正标点符号错误是改正稿件的一项重要内容。

改正单位与数字错误。单位与数字的使用有严格的规范，稿件中涉及单位与数字的改正常常在这些规范的指导下进行。

改写知识性错误。造成知识性错误的原因：一是对相关的科学知识不甚了解，二是错用文字所致。编校中少犯甚至不犯知识性错误的唯一途径就是遇到自己不理解的知识敢于质疑，勤于查阅工具书、相关书籍，或请教专家。

改写政治性错误。编辑对党和政府的政策、港澳台政策、宗教政策、民族政策、未成年人保护政策、保密政策等要了然于胸。

3. 校对网络稿件

校对是指校对人员根据原稿或定本核对校样或通读检查，订正错误的工作。校对的根本目的是改正稿件中不正确的内容和写法，包括对稿件的事实、观点、语法、修辞、逻辑等各方面的差错的校正，目的是要消灭一切错误信息，使稿件事实准确、观点正确、文字通顺，客观公正、真实生动地反映现实的变动。

（1）网络稿件校对工作的特点

目前的网络编辑工作同传统编辑工作相比，在校对方面有四个突出特点：

1）编校合一，校对工作完全依赖编辑个人。没有如传统编辑工作中的印刷厂校对、出版社专职校对和作者自校类型；至多做出“两个编辑负责一个频道的，要互相将另一人的稿件复审一遍，三人组成的，要分工复审”等规定，而这样的规定遇到时效性要求，将无异于一纸空文。

2）只有校样，没有原稿。校对以校是非为主，最后定稿与否完全由编辑瞬间决定，没有理性思考的时间。

3）网络文稿错误更多，文稿编辑更易出错。网络文稿可说是录排差错与写作差错合二为一。电子文本的下载、复制离不开格式转换，转换中往往出现意想不到的格式问题、字体、字号问题。

4）编辑时效性要求高。重大事件新闻稿的发布几乎要求与新闻同步。网络的互动性建立在时效性基础之上，如何保持高质量与时效性之间的平衡，仍是网络编辑工作者需要思考的问题。

（2）校对的方法

传统编辑工作中的校对方法有：

1）折校法。将原稿与打印稿进行比照，找出并修改异同。适用于没有改动或改动很少的原稿。

2）点校法。将原稿放在左边，校样放在右边，先读原稿，后看校样，左手指着原稿上要校对的文字，右手执笔，逐字逐句校对，长句可以分为两三段校对。适用于改动较大的原稿，或者原稿与校样横竖不一。

3）读校法。一个人朗读原稿文字，另一个人看着校样进行核对改正。读稿人口齿要清晰，校对人要避免跳行漏行。适用于原稿抄写比较清楚、内容比较浅显、格式不太复杂的稿件。

4）人机结合校对。采用计算机软件对电子文本进行自动校对，然后采用人工方式对校样进行二次校对，输出校样后由机器再次进行校对。机器校对具有速度快、准确率高等优点，特别适合于校对常见错别字、专名错误和成语错误，可以消除30%以上的常见错误，有利于减轻校对负担。

网络编校没有原稿、校稿之分，时效性要求很高。传统校对法中点校法、折校法与读校法因需要原稿与校稿配合使用，在网络编校中失去了用武之地。网络文稿文本都已电子化，电脑校对是一种理所当然的选择；但电脑校对软件再先进也不是万能的，对之不能寄予过高期望，他只是校对者手中掌握的一种工具，辅佐校对者，而不是取代校对者。

相关知识

1. 网络稿件报道新闻事实的基本要求

1）真实。真实是指新闻报道中所涉及的现实方面的各种资料，必须完全符合事实的本来面貌。修改稿件的首要任务是判断新闻内容的真实。

2）准确。准确是指构成事实成分的名称、时间、地点、数字、引语等都必须准确无误。

3）清楚。清楚是指对于事实的表达要让读者看得明白，不留有疑问。

4）统一。统一有两层含义，一是指在同一篇或同一组稿件中，关于事实的表达前后要相互一致，不能出现相互矛盾；二是指新闻事实的表达方式要与全国规定的或通用的方式相一致。

5）科学。科学是指涉及自然科学、社会科学的新闻事实，文字表达须符合科学。

2. 核实与订正新闻事实的主要方法

分析法和核对法是发现并改正事实性错误的两种行之有效的方法。

分析法是利用稿件提供的事实（尤其是其中的细节）、编辑自身的信息积累、作者的写作条件等进行推理分析，发现其中不合逻辑的地方。

核对法是对存疑的事实采用多种办法进行核对，如与作者或其他相关人员取得联系，求证事实真相。

举一反三

1）简述一般新闻稿件易出现的主要问题。

2）自己找一篇有错误的新闻稿件，找出该篇新闻稿的主要问题，并对问题类型进行归类。

3）对你所找的稿件有问题的地方进行修改。

子任务2 制作网络稿件的标题

子任务目标

- 了解网络稿件标题的构成要素
- 了解网络稿件标题的特点及功能
- 理解网络稿件标题的制作原则
- 掌握网络稿件标题的制作技巧

1. 了解网络稿件标题的构成

（1）主题

网络稿件标题的主题，又叫主标题或标题句，用于揭示稿件内容中最重要的信息和概括稿件的中心思想。一般而言，他是一个句子或词组，能够表达一个完整的概念或意思，在稿件中字号最大，地位也最显著。如图3-3所示的新浪网2009年10月9日新闻中心要闻版的新闻标题。

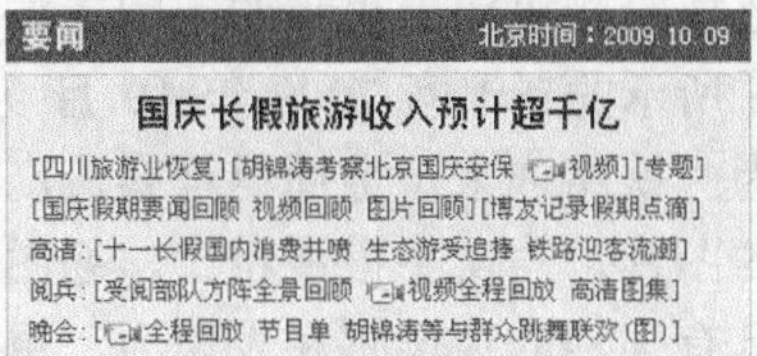

要闻　北京时间：2009.10.09

国庆长假旅游收入预计超千亿

[四川旅游业恢复][胡锦涛考察北京国庆安保 视频][专题]
[国庆假期要闻回顾 视频回顾 图片回顾][博友记录假期点滴]
高清：[十一长假国内消费井喷 生态游受追捧 铁路迎客流潮]
阅兵：[受阅部队方阵全景回顾 视频全程回放 高清图集]
晚会：[全程回放 节目单 胡锦涛等与群众跳舞联欢(图)]

图3-3　新浪新闻中心的标题

图3-3中的新闻标题全部由主题构成，主题已成为网络稿件标题最主要的存在形式，可以说，没有主题的支撑，就没有网络标题的存在。

（2）小标题

当网络稿件所反映的事实比较复杂，由几个方面构成或稿件事实的发展可以划分为几个明显的阶段时，往往就需要使用小标题，如图3-4所示的腾讯网2009年10月9日题为“搜狐优酷版权之争”的报道，网页上出现一系列小标题。

小标题在内容上可以提炼稿件正文的内容，总结稿件内容要点，同时也对主题进行补充和延伸。在形式上，小标题又可起到将复杂的内容连接起来的作用。

（3）准导语

准导语是指位于主标题之后的一段文字，他一般用于比较长或者比较重要的稿件中，以一段较为具体的话对标题做出解释或提纲挈领地概括稿件的主要事实、做法、经验或问题等，作用类似于消息的导语。准导语与主标题一般同时出现在网站主页或频道主页中，内容有时与网络稿件正文的导语相同，有时不同，故称其为准导语。如新浪网有关印尼发生 7.9 级地震的报道，其中就附加了准导语，如图 3-5 所示。

最新进展　　更多>>

- 反盗版点中视频网站死穴 业内潜规则面临挑战 09月29日
- 优酷称反盗版联盟第二轮诉讼为炒作 09月23日
- 优酷指搜狐反盗版炒作 版权方成最大赢家 09月23日
- 反盗版联盟对优酷发起新行动 可口可乐被诉 09月22日
- 反盗版联盟诉优酷：111宗立案可口可乐被连带 09月22日
- 优酷制作“支持正版”专题 召集明星声援优酷 09月22日
- 南方日报：版权之争抬高视频行业门槛 09月22日
- 搜狐优酷互诉盗版侵权 视频网站遭遇内容瓶颈 09月21日

图 3-4　腾讯网-关于搜狐优酷版权之争的小标题

导读：2009年9月30日当地时间下午，印尼苏门答腊岛发生里氏7.9级地震，随后发生多次余震。致死人数已上升至1100人，数百人受伤。[滚动 图集]

图 3-5　新浪网-关于印尼地震新闻的准导语

（4）题图

网络稿件标题的题图主要包括照片、图表、漫画、动画等几种形式。题图的作用在于解释标题、引起网民注意、引导网民阅读。图片运用的好，能够活跃页面，还能够调节网民的视觉疲劳。但是图片的运用应该有所节制，网络文稿标题中出现的图片一般较小，而且数量也不要太多。此外，还需要注意题图的文字说明，这些文字说明起到了画龙点睛的作用，因此，在撰写时要简明扼要，同时还要给网民留下思考的空间。如图 3-6 所示的新浪网 2009 年 10 月 9 日题为“铁路迎来黄金周返程客流高峰”的图片，与文字报道相比，题图更加具有强烈的现场感和表现力，更加简洁明了。

图 3-6　新浪网-关于黄金周返程客流高峰的新闻图片

（5）附加元素

网络稿件标题还可能出现其他附加的构成因素，主要有：

1）随文部分。随文部分是指在主标题下标明稿件来源、发布日期、发布时刻等内

容的部分。随文部分一般在网站主页面中出现较少，但在内容页中几乎每篇稿件正文前都有。图 3-7 所示的是新浪网 2009 年 10 月 9 日题为“世界媒体峰会在北京开幕 胡锦涛出席并发表讲话”的报道，其随文部分是“http://www.sina.com.cn 2009 年 10 月 09 日 12:18 新华网”。

2）效果字符。效果字符是指通过技术手段使标题发光、移动或变换色彩等，使之成为动态字符，以吸引眼球，提高点击率，其中比较常见的是变换标题色彩，从视觉上吸引网民关注。如新浪网 2009 年 10 月 9 日题为“国庆长假旅游收入预计超过千亿”的标题，如图 3-8 所示，当鼠标指向新闻标题时，字体颜色由黑色变为红色。

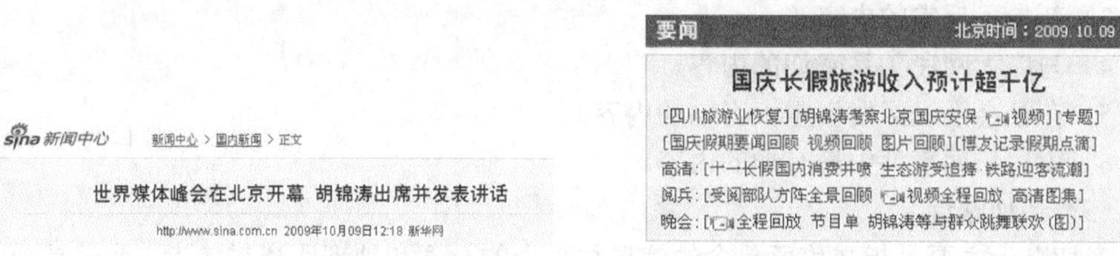

图 3-7 新浪网-关于世界媒体峰会的报道　　图 3-8 新浪网-2009 年 10 月 09 的要闻内容

2. 制作网络稿件标题的原则

（1）题文一致

所谓题文一致是指网络标题与网络稿件内容相一致，这是制作标题的基本要求。题文一致性主要包含两层意思：

1）基本内容一致。网络标题的基本内容要与稿件正文内容完全一致，既不可虚构，也不能添油加醋，特别是那些概括性标题，对内容的概括切不可顾此失彼。

2）标题的论断在新闻中要有充分的依据。标题中的论断可以“借题发挥”，但是在文中必须要有充分的依据。有的网站为了吸引受众，拟制了一些以偏概全、夸大事实、耸人听闻的标题，误导了受众。

（2）简洁凝练

简明的样式能清晰快捷的被感知成为首先被注意的对象，而复杂的样式由于难于感知并形成印象时就可能被受众有意忽略或搁置不理。简洁凝练具体表现在：①概括性强，言简意赅；②字斟句酌，去掉多余的词句；③巧用简称。

（3）具体准确

网络文稿标题最主要的功能就是向受众传递信息，这就要求网络文稿标题不仅准确、符合实事，还要具体、详细。

标题对新闻正文准确表达是新闻真实性的一个要素。网络新闻标题的准确性原则主要包括：①对新闻事实的概括准确；②对新闻事件发生的时间、地点等新闻要素描述准确；③对新闻事件的评述要掌握分寸和度；④用词准确。

所谓具体、详细是指在网络稿件涉及的多个事实信息中，只选取其中一个或几个重点事实信息，放在标题中加以强调。网络信息传播多以动态信息为主，因此标题应以何人、何事为主，尤其以何事为中心。要使标题做到具体，应多用名词和动词，少用形容词和副词；应言之有物，有内容，切忌空泛；应用数字或定量的词代替定性的、笼统的说法。

（4）突出亮点

一般说来，有必要凸现亮点的内容包括：

1）最新的、最重要的、最显著的内容。

2）广大网民所不知晓的内容。

3）新异、反常的内容。

4）与广大网民关系密切的内容。

5）在社会上已经发生重大影响的内容。

6）突出新闻事件中最有趣的内容。

（5）亲切贴近

亲切贴近主要是指文稿所包含的信息与受众的心理和地理距离越接近，就越易受到人们的关注。在网络媒体中，随着交往空间的扩大，贴近性原则已经不仅仅局限于地域的接近性，有着共同兴趣爱好的人们不管在物理空间中存在多大的距离，在网络的世界中都可以“类聚”和“群分”。因此心理的贴近性原则成为网络文稿标题制作的一个重要的原则。

（6）新颖生动

新颖生动的标题不仅能脱颖而出，而且能给人留下深刻的印象。

1）立意要新。所谓立意，就是要立思想、立见解、立主张，就要求编辑站得高、看得远，“见别人视而不见之物”，“明别人知而不明之理”。

2）角度要新。“横看成岭侧成峰，远近高低各不同”，编辑看问题的角度不同，写出的新闻稿件的侧重点也会不同。制作标题同样如此，编辑在制作标题时就要注重这些不同，做出独树一帜的新闻标题来。

3）语言要新。新闻标题的语言应该具有清新的风格才能吸引网民的视线，陈词滥调的套式话只能引起人们的反感。如今新闻报道创造出的许多新名词已经成为人们生活词语中的一部分。

3. 制作网络稿件标题的技巧

网络文稿标题的制作并不是对新闻内容的简单再现，而是一门综合艺术，有着一定的技巧和方法。

（1）内容的提炼和润色

1）长短控制，字数适中。网络文稿标题中一般不使用标点符号，常常出现空格，以此来进行断句，所以必须把握好标题的长度和字数，遇到表意复杂的长句标题时，可将之简化为短句。

网络文稿标题也不能太短，太短了容易造成阅读顺序的混乱。实践表明：人们阅读文字时，眼睛停留阅读大致能感知 6～7 个汉字，若长一些则需要加标点或空格来“换气”，因此，网络标题最好控制在 16～20 个字之间，且中间最好用空格分成两部分。

2）单行实题，虚实兼顾。虚与实的标题是从标题内容上划分的。新闻标题的“实”是指直接表明新闻主要事实，“虚”是指深入新闻事实的本质，议论新闻的意义。新闻标题要以实为主，即使是就实论虚的标题，也要辅文交代具体事实。

3）赋予标题文采。赋予标题文采常采用以下几种手法：

活用动词。动词是汉语词汇中最活泼、最富于表现力的因素，他善于描摹事件的发展、变化，善于表情达意。一个生动、富有个性的动词，常常会引起网民无穷的联想。如标题“感动！山西八旬老人泪捧‘中国慈善奖’”，“感动”、“泪捧”均充满了感情色彩，尤其是“泪捧”传达了老人的一种激动之情。

用数字、字符说话。数字的恰当运用，可以使稿件信息中抽象的叙述变得形象生动，可以突出重要的信息内容。如标题“48 岁乞丐要娶 22 岁女大学生”，乞丐娶大学生本身就有很强的可读性，48 岁和 22 岁之差，更是增强了新闻的神秘性。如果去掉这两个年龄，标题就会逊色好多。

吸取成语、谚语、口语、外来语、流行歌曲、影视剧等词句。

成语：日本“夺岛”步步紧逼 韩国“抗日”寸土不让

谚语：此桥是我建 想过得掏钱

口语：赵本山与辽足“闪婚”

外来语：情人节 YES 情人劫 NO

流行歌曲：一位孤老太的“莫斯科郊外的晚上”

影视剧：金鸡奖冯小刚<手机>“没信号”

戏剧：刘大姐讲话理太偏

善用各类修辞手法。修辞手法包括：比喻、对比、比拟、借代、反复、对偶等。在网络文稿标题中使用各类修辞手法可以增强标题的可读性和感染力。如“交通局虽小 办公楼特大”是采用对比的手法；“黄河昨天开始‘洗肠’”采用的是比喻的修辞方法；“好房子 好车子 好日子”是采用排比的修辞方法。

引用诗词佳句。恰当地引用或仿拟古典诗词佳句，可使标题言简意丰，情意盎然。如“硕鼠硕鼠，偷我‘医保’”副标题是“泡脚、美容等奢侈消费大肆冒名‘医保’报销”，主题由《诗经》中的名句“硕鼠硕鼠，无食我黍”套用而来，用硕鼠来比喻一些不法分子的贪婪，这句名诗广为人知，读者一看就能明白。

(2）形式的编排和美化

1）采用不同的字体、字号和标点符号。不同字号、字体的标题，其强势和风格各异。字体主要分为宋体、楷体、黑体、仿宋体等，不同字体给网民的心理感觉是不一样的。如黑体字型方整，给人的感觉是沉重醒目，雄劲有力，适应于表现严肃庄重的内容；仿宋体笔画清瘦，适用于表现秀美典雅的内容。对于字号来说也是如此，大字号要比小字号更具有强势，加粗比细笔更有强势。所以根据标题的内容和特点，利用字符的不同表现强度，恰当地运用字符设计，使网民从视觉上能感觉到网络稿件的不同特点和重要程度。

2）美术手段辅助变化。常用的美术手段主要有：①有效运用色彩；②合理运用题花、线条；③区分主页标题和网页内标题；④当日最重要的标题应作特殊处理。运用好各种美术手段，能够达到文字达不到的效果。

相关知识

1. 网络稿件标题的特点

（1）题文分家

一般网络稿件标题和正文处于不同的页面，当网民对某则稿件感兴趣时，只有点击标题才能进入相应的稿件正文。这种题文分开的特点使得网络稿件内容对于标题具有很强的依赖性，也就说，网民往往通过浏览标题来决定是否要读这则消息。如果标题不吸引人，没有引起网民点击的欲望，接下来的信息传播就无法得到实现。

（2）超文本链接的分布方式

网络文稿标题的超文本链接主要体现在两个方面：一是标题和文稿正文以超文本链接的方式出现，即网站的主页主要由标题组成，标题按照重要性的大小排列，这些标题通过超链接的方式与下一级页面相连接。二是文稿正文后面出现与稿件相关的标题或内容的链接，这些链接可能是在内容和逻辑上与原来的稿件存在某种联系，如延伸和拓展内容，或是补充相关的背景和资料等。

（3）大多单行

在网络传播的环境下，由于受网民阅读习惯及网页显示面积有限的制约，网络文稿的标题多为单行题。标题一般控制在 20 字以内为宜，且最好能以空格分开，每个标题控制在 7～10 个字。

（4）宁实务虚

网络标题多以实题为主。从内容上分，网络新闻标题分为实题和虚题。实题是指具有新闻要素的标题，包括人物、时间、地点、事件、原因、结果。虚题是指通过评价新闻实事的意义、成就和性质来揭示本质，给人以指导和启迪。

（5）多媒体优势

网络稿件标题和多媒体的结合是一种目前越来越受欢迎的方式，由图像、文字、声音的结合标题，在各大网站的新闻主页上常在新闻标题后提示“图”、“音频”、“视频”。

2. 网络稿件标题的功能

标题是网络稿件信息发生作用的起点，是网络信息被受众接受的必经途径，网络稿件标题的功能主要有：

（1）索引选择信息

网民希望在信息海洋中以最快的速度获得更多的有用信息，希望一眼就能找到自己关心的新闻，在正文没有出现的情况下，标题成为他们选择信息的向导。

索引功能还表现在众多的新闻网站都将新闻标题作为搜索引擎的一个方面。

（2）提示信息内容

网民在接受网络信息时较传统媒体的受众显得更加的主动、更加迅速、更加感性。除非是重大事件、个人兴趣点所在，他们往往只关注发生了什么新闻，而忽略新闻的细节。因此，网络标题应以最简练的文字将新闻事实中最具有新闻价值的那部分内容概括出来，使受众不需要点击出新闻正文就能对新闻事件中最重要的方面有所了解。

（3）吸引网民

网络标题多为单行题，作为连通网络信息内容与网民心灵的桥梁，应力求吸引更多的注意力，吸引网民点击标题和阅读正文。

吸引网民眼球注意力的因素多种多样，具体方法有：

1）标题点出新奇事。

2）标题披露熟悉而陌生的事件细节和内幕。

3）标题紧扣重大事件的最近动态。

4）标题语言富有个性特色。

值得注意的是，吸引网民点击是一方面，但为了吸引网民点击，在标题制作中绝对不能故弄玄虚的煽情，弄一些“假大空”、色情暴力的标题信息来吸引网民的眼球。

（4）评价信息内容

评价信息内容是指在概括网络稿件内容的基础上，通过揭示稿件内容的本质，引导网民理解稿件内容的意义，或直接对稿件内容表明态度和立场，给网民以启迪，引起网民共鸣，以达到舆论引导的作用。

（5）丰富美化页面

在网络媒体中，网站主页大都是由标题组成，标题的形式、结构和排列是网站主页构成的重要因素，也是美化页面的重要手段。因此，利用好网络稿件的标题，对于网站的页面美化起着很重要的作用，可以使页面条理清晰、层次分明，使页面有声有色、丰富多彩。

（6）体现编辑风格

每个网站都应该有自己的个性，这样才能把自己和其他的网站区分开来，才能满足不同受众的品味和需求。网络稿件的标题就是形成网站风格个性的重要手段。如人民网主页的新闻标题的主色调为蓝色，体现出作为国家权威媒体的庄严和成熟。

举一反三

1）浏览新浪网、搜狐网、网易网、新华网的头条新闻，从形式上分析他们的相同和不同之处（包括布局形式、位置、字体、字号的不同，是否有副标题、小标题、小标题的数量及排序方式）。

2）为以下稿件拟定合适的网络标题。

中国日报网环球在线消息：综合外国媒体报道，有阿富汗居民称，9月27日阿富汗西部赫拉特省首府赫拉特市一所学校外发生爆炸事件，造成3人死亡，16人受伤。

当地一家私人电视台报道说，这是一起针对阿富汗能源水利部部长伊斯梅尔·汗的自杀式爆炸袭击事件。爆炸发生时，伊斯梅尔汗正途经此地前往赫拉特机场，幸运逃生。目前相关伤亡消息尚未得到官方的证实。

3）网络稿件标题有哪些作用？

子任务3　设置关键词

子任务目标

- 了解关键词的概念和作用
- 理解关键词设置的原则
- 掌握关键词的设置

1. 关键词设置的原则

关键词与网络信息的筛选、归类，网络内容的编辑，网络稿件标题的制作，网络专题的策划等，都存在着直接或间接的密切关系。因此，掌握关键词的选择与设置是网络信息编辑工作的重要内容和环节。关键词选取与设置的原则包括：

（1）精确性和规范性原则

精确性、规范性原则是关键词选取和设置中最重要的原则。所谓精确性是指所析出的关键词在语义表达上所具有的精炼性和准确性；所谓规范性是指所析出的关键词是人们常用的专业性强的规范性的词语。

总之，关键词的用词必须概念明确，含义清楚，能正确表达网络稿件的主题内容。同时，还要专业、规范，具有标引与检索的意义。

（2）全面性和适度性原则

所谓全面性、适度性原则是指关键词的选取和设置能全面反映网络稿件的主题内容。选取和设置关键词既要考虑网络稿件的各个主题概念和整体表达意思的全面程度，又要考虑关键词标引深度的适当性和数量的合理性；既不能漏标、少标，也不能滥标、重标。

（3）逻辑性和层次性原则

所谓逻辑性、层次性原则是指关键词的选取和设置能按照网络稿件的逻辑关系，使其在整体上具有逻辑性、层次性、整体性和有序化，能够清晰、深入、有序地反映网络稿件的主题与归类属性，并使各要素的主题概念之间的语义内涵尽量独立，其组合必须

能准确、精炼地高度概括各要素的主要内容，抓住本质，舍弃次要内容。

2. 关键词的设置

网络新闻的写作，一般而言事件性的新闻比较多，硬新闻比较多，这就有章可循。事件性新闻和硬新闻的特点，涉及到的人物地点、事件本身都将成为关键词。

（1）把握网络稿件的主题

要把握好网络稿件的主题，首先就得对网络稿件的主题进行分析，换言之就是要弄清网络稿件的中心内容和主题概念。对网络稿件的主题进行分析时，需要注意以下问题：

1）注意专业词汇和隐含主题的标引，要避免直接依据题名进行主题分析的现象。在文章标题不足以表达主题时，应从摘要或正文中抽取适当的词来补充或重新组配增补关键词。如“让我们再看一次小平同志”一文，如果只看标题，那么关键词就会很容易标引为“小平”。然而，文章中所涉及的主题实际上是杭城举办邓小平百年诞辰图片展，而非简单的介绍邓小平其人，因此，应标引为“邓小平”、“百年诞辰”、“图片展”。

2）要注意专业词汇，切不可把他随意进行切分、组配，造成语义错误。如“基因指纹法核准癌细胞再击破”一文，不能标引成“基因”．“指纹法”．“癌细胞”，因为该文中的“基因指纹法”是个专有名词，不能切分开。

（2）提炼、设置关键词

在认真阅读网络稿件全文的基础上，提炼和设置关键词就是要大体依据网络稿件的题名、前言、摘要、层次标题，正文的重要段落和结语，以及所附内容，对网络稿件的总体内容作初步了解，并经优选和取舍，尽可能从中抽取作者运用的，与主题概念一致、最具有检索价值的专指性、通用性与专业性的词和词组作为关键词。在设置关键词时需要特别注意以下方面：

1）不要把关键词的选取范围仅限文章的标题，还可以从网络稿件的摘要和正文中选取。如“浅论全球 PLC 市场的发展”这个标题，所表达的主题虽然很明确，但关键词的选取就很有限，他只能选“全球 PLC 市场”一个关键词，在这种情况下还应从摘要、正文中再选若干个关键词。

2）有些网络稿件的某些主题在题名、摘要，甚至在正文中表达并不是很明确，但又隐含着某一主题内容，这时就要通过对网络稿件题名、摘要和全文作主题分析，并经提炼和剔去检索价值不大的词之后才能设置关键词。

（3）关键词的选用数量要适当，并注意其逻辑排列

关键词选取的数量，在一定程度上与反映、揭示网络稿件主题的深度密切相关，也就是说，选取的关键词越多，揭示网络稿件主题就越深，可供检索、利用的概率也就越高。一篇网络稿件标引关键词的个数应因文而异。一般说来，单主题网络稿件的关键词可少些，多主题的关键词应多些；研究对象组成部分多的网络稿件，标引的关键词应当多一些，反之则可少些。

网络稿件关键词的标引除了要数量适当外，还要在排列上反映出各词之间的逻辑关

系和层次性要求，并遵循一定规则。

总之，关键词的标引要把握住关键性，其排列次序有一定的层次性和逻辑顺序性，要做到既反映主题、切中主题，充分反映词与词之间的逻辑关系，使用户能够根据关键词的逻辑顺序去理解稿件的主题内容，便于存储和检索，也便于为稿件设置延伸阅读和归类。

相关知识

1. 关键词的概念

关键词就是在一篇文章中具有关键意义的词语。设置一个成功的关键词至少包含以下三层意思：

1）关键词应是单词或术语。关键词虽然是直接从网络稿件中选取的自然用语，但所选用的词应该是能揭示网络稿件主题内容的实词，并最好具有单义性。具体来说，一个关键词应该对应某一主题或知识点，不要让人产生歧义。

2）关键词要能准确反映和表达网络稿件主题概念和信息。关键词之所以关键，就在于他所选择的词语能反映网络稿件的主题概念、中心思想、核心内容等。换言之，关键词的主要特征就是他所揭示的是网络稿件最核心的内容，能高度概括和代表整个网络稿件的基本内容，是网络稿件的灵魂。不能揭示网络稿件核心内容的词语，就不能选作关键词。

3）关键词要能用于网络稿件的标引和检索。网络稿件标引是根据网络稿件的特征赋予某种检索标识的过程，所以，关键词的选定实际上是网络稿件标引的一个过程。因此，关键词是为了满足网络稿件标引或检索工作的需要而从网络稿件中提炼、萃取出的词语。关键词选得是否恰当、准确，关系到该网络稿件被检索的点击率和利用率。

2. 关键词的作用

关键词的选择与设置是网络信息编辑工作中的重要内容和重要环节。关键词的作用主要表现在：

1）关键词便于网民快速做出是否阅读正文的判断。为了便于网民从浩如烟海的信息网络中迅速获得自己需要的网络稿件资料，全面、准确地标引关键词尤为重要。他使网民可以迅速了解网络稿件的主题信息，扫描阅读其中的重要信息点。网民只要分析一下关键词，就可判断网络稿件的类别，主题内容及可能提供的信息。

2）关键词的选择与设置便于网络稿件的归类。选择何种词语作为关键词，实际上就是把网络稿件定位于某一特定的类别，所以，选取和标引关键词实际上就是做了网络稿件的归类工作。如一篇网络稿件选择和设置了“市场营销”或“证券投资”这一关键词，也就意味着把该网络稿件归入了“市场营销”或“证券投资”类。

3）关键词的选择与设置便于信息的检索。关键词是对文章主题内容加以概括、提

炼而标出的规范性的词或词组，是网络稿件检索最主要的信息源，具有实际检索意义。所以，网民就可以通过关键词快捷、有效地查阅、检索和利用网络稿件。实际上，基于关键词的网络检索几乎是每个搜索引擎必备的检索途径。

举一反三

1）为以下稿件设置合适的关键词。

温家宝：中日韩就六方会谈等问题达成重要共识

中新网10月10日电 第二次中日韩领导人会议10日上午在北京人民大会堂举行。会议结束后，中日韩领导人共同会见记者。中国总理温家宝在记者会上表示，中日韩三方今天在领导人会议上认真的讨论了东北亚地区形势、半岛无核化和六方会谈问题，达成了重要共识。

温家宝说，中日韩都是东北亚国家，也都是六方会谈的成员，实现东北亚地区的持久和平与稳定，实现半岛无核化，是三国共同关心的重要问题。

温家宝称，这次中日韩领导人会议期间，三方一致认为应该坚持通过对话协商，以和平的方式解决有关问题，我们都愿继续做出建设性的努力，推动早日重启六方会谈，为实现本地区的长治久安做出积极贡献。

温家宝表示，今天下午，还将在三边会谈中就这些问题进一步交换意见。

2）浏览四大门户网站，看各大网站关于同一事件报道的关键词设置有何异同。

3）设置关键词需要注意哪些方面？

子任务4 运用超链接

子任务目标

- 了解超链接的概念
- 理解超级文本的内涵和特征
- 掌握超链接的运用方式与操作要点

1. 超链接的作用

（1）利用超链接解释与扩展关键词

一般情况下，一篇文章可以利用超链接进行解释的范围大多包括人物、组织、事件、地理、历史背景、科学名词或专有名词等，而其首要的目的就是解释或介绍知识，即通过超链接说明关键词，使关键词的内涵和意义明朗化。

（2）利用超链接设置延伸性阅读

利用超链接设置延伸性阅读的链接点有许多方面，如人们的认识、思想、兴趣爱好、

感悟、想象、自然环境、重大事件、探究性学习等。在网络新闻报道中，利用超链接设置延伸性阅读的途径主要有：

1）相关报道。相关报道就是通过超链接提供一个或一组与当前对象相关的报道。相关新闻通常是在正文之外加入的与当前新闻有关的新闻链接。

具体操作过程是：编辑首先输入本文关键词，系统以此关键词为依据寻找本网站新闻库中其他含有此关键词的新闻。然后，网络信息编辑根据需要从系统搜寻的结果中进行一定的筛选。最后将其链接到相关稿件中去。

2）相关评论。相关评论，尤其是专家的解读，可以通过专家个人的水平和魅力，展示出解读新闻的境界与其中蕴含的潜能。

对新闻的延伸性阅读除了运用相关报道和相关评论以及前面涉及到的关键词设置之外，还可以包括“网友讨论新闻”、“跟帖”等内容。这种形式既是一种阅读的延伸，又可以看作是一种互动、参与的方式。

（3）利用超链接改写文章

1）将一篇文章进行分层。利用超文本写作的优势是可以将一篇文章分成若干个层次，以便更好地满足网民的阅读需要。一般说来，可将一篇文章分成标题、内容提要、正文、关键词或背景链接、相关文章等延伸性阅读五个层次。具体操作过程是：先用一些精炼的语言把关键的信息和吸引人们眼球的内容提纲挈领地表达出来；随后再对整个新闻事件做进一步详细的报道；同时把相关的背景知识和相关阅读依次摆在网民的面前。

2）将多篇文章整合成一篇新文章，共分为空间向度、时间向度、多媒体三种形式。

在空间向度上将多篇文章整合成一篇新文章。编辑围绕一个事件或一个主题将多篇文章，用一种集成的方式介绍事件或主题。其操作要点是：先围绕一个事件或一个主题提炼出所要表达的中心议题；然后从不同角度选稿（内容相同的只选一篇）；最后按主体部分与超链接两部分的合理结构将原有各文章中的主要材料或信息串连在一起，对事件的主要线索做清晰的交代，并利用超链接，对主体部分的内容进行展开。图 3-9 所示的“11 月全国 70 个大中城市房价同比增长 5.7%”消息，就是按空间向度将多篇文章整合成一篇新的文章。

在时间向度上将多篇文章整合成一篇新文章。可采用连续报道或系列报道的方式，使对同一主题的新闻事件的报道通过时间的延续和信息积累而得以加强。网民既可以检索查询到这一事件过去发生的状况，也可以在动态中了解到事件最新发生的变化。如新浪网、人民网等网站经常就最近一个时期的重大事件组织专题报道，这里面既有相关背景的历史回顾和相关的各种报道，又有滚动播出的事件发展的最新动态。

应用多媒体手段将多篇文章整合成一篇新文章。在网络信息编辑中，应用多媒体不但可以配以图片和图表，而且还可以链接音频、视频文件，更真实生动地再现新闻事件，在内容与形式上实现真正的互动。

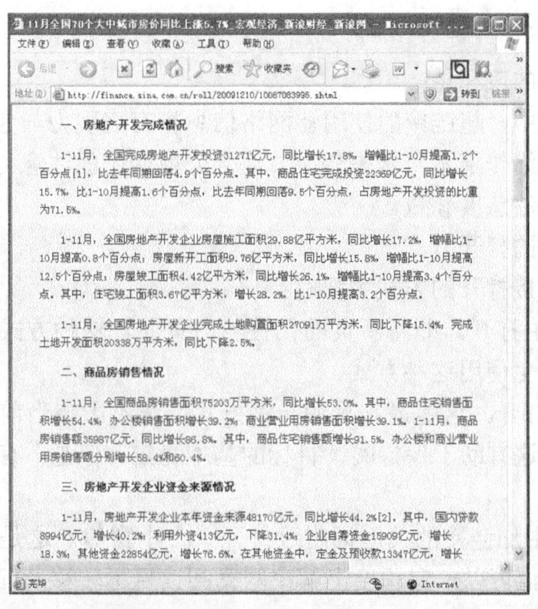

11月全国70个大中城市房价同比上涨5.7%_宏观经济_新浪财经_新浪网 - Microsoft ...

http://finance.sina.com.cn/roll/20091210/10067083995.shtml

一、房地产开发完成情况

1-11月，全国完成房地产开发投资31271亿元，同比增长17.8%，增幅比1-10月提高1.2个百分点[1]，比去年同期回落4.9个百分点。其中，商品住宅完成投资22369亿元，同比增长15.7%，比1-10月提高1.6个百分点，比去年同期回落9.5个百分点，占房地产开发投资的比重为71.5%。

1-11月，全国房地产开发企业房屋施工面积29.88亿平方米，同比增长17.2%，增幅比1-10月提高0.8个百分点；房屋新开工面积9.76亿平方米，同比增长15.8%，增幅比1-10月提高12.5个百分点；房屋竣工面积4.42亿平方米，同比增长26.1%，增幅比1-10月提高3.4个百分点。其中，住宅竣工面积3.67亿平方米，增长28.2%，比1-10月提高3.2个百分点。

1-11月，全国房地产开发企业完成土地购置面积27091万平方米，同比下降15.4%；完成土地开发面积20338万平方米，同比下降2.5%。

二、商品房销售情况

1-11月，全国商品房销售面积75203万平方米，同比增长53.0%。其中，商品住宅销售面积增长54.4%；办公楼销售面积增长39.2%；商业营业用房销售面积增长39.1%。1-11月，商品房销售额35987亿元，同比增长86.8%。其中，商品住宅销售额增长91.5%，办公楼和商业营业用房销售额分别增长58.4%和60.4%。

三、房地产开发企业资金来源情况

1-11月，房地产开发企业本年资金来源48170亿元，同比增长44.2%[2]。其中，国内贷款8994亿元，增长40.2%；利用外资413亿元，下降31.4%；企业自筹资金15909亿元，增长18.3%；其他资金22854亿元，增长76.6%。在其他资金中，定金及预收款13347亿元，增长

图 3-9　利用超链接在空间上将几篇文章组合为一篇文章

3）将长文章缩写成短文章。在对新闻信息进行整合时，可以利用超链接将长文章缩写成短文章，以便给网民提供高质量、高规格的信息。其操作要点是：留取文章的主要线索，用超链接给出详细的论述与展开部分。图 3-10 所示的是中国政府网题为“日本首相鸠山纪夫抵京出席中日韩领导人会议”的报道，该消息运用了超链接将长文章改写成了短文章。

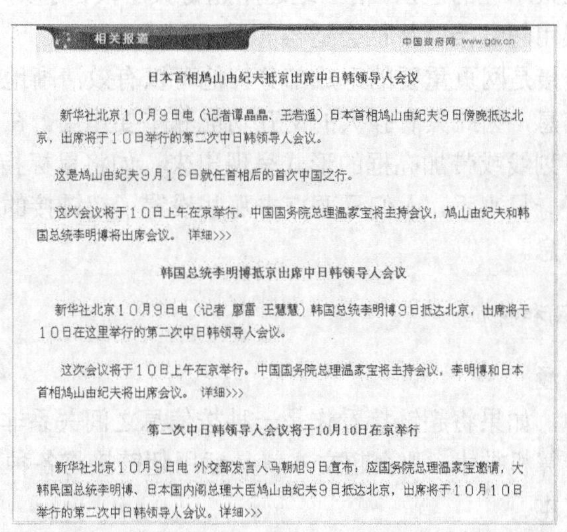

相关报道　　中国政府网 www.gov.cn

日本首相鸠山由纪夫抵京出席中日韩领导人会议

新华社北京10月9日电（记者谭晶晶、王若遥）日本首相鸠山由纪夫9日傍晚抵达北京，出席将于10日举行的第二次中日韩领导人会议。

这是鸠山由纪夫9月16日就任首相后的首次中国之行。

这次会议将于10日上午在京举行。中国国务院总理温家宝将主持会议，鸠山由纪夫和韩国总统李明博将出席会议。 详细>>>

韩国总统李明博抵京出席中日韩领导人会议

新华社北京10月9日电（记者 廖雷 王慧慧）韩国总统李明博9日抵达北京，出席将于10日在这里举行的第二次中日韩领导人会议。

这次会议将于10日上午在京举行。中国国务院总理温家宝将主持会议，李明博和日本首相鸠山由纪夫将出席会议。 详细>>>

第二次中日韩领导人会议将于10月10日在京举行

新华社北京10月9日电 外交部发言人马朝旭9日宣布：应国务院总理温家宝邀请，大韩民国总统李明博、日本国内阁总理大臣鸠山由纪夫9日抵达北京，出席将于10月10日举行的第二次中日韩领导人会议。详细>>>

图 3-10　利用超链接将长篇文章改写为一篇短文章

2. 运用超链接的注意事项

（1）注意超链接的度和量

在网络信息编辑中，超链接的使用让网络信息富有表现力与包容度，但是，过度地使用超链接就会给网络传播本身带来侵害。他会分散网民的注意力，为此，在为文本内容加入超链接时，应注意度和量。

（2）注意超链接的打开方式

从形式上看，链接打开的方式主要有：

1）在当前窗口中打开。即将新页面代替当前页面，这种方式会改变当前的阅读目标，因此，应注意避免使用这种方式。

2）在新窗口中打开。这是最常见的一种方式，在不影响当前阅读页面的情况下，再打开一个新页面，这有助于保持阅读目标的基本稳定，但是，有时还是免不了让网民脱离既定的轨道。

3）在当前窗口中加链接的关键词附近打开一个小窗口。这是现在一些网络采用的新做法，相对来说，他可以一定程度上解决网民阅读目标转移的问题，但目前还不适用于所有场合。

相关知识

1. 超链接的作用

超链接是网络信息传播中的一个特殊手段，他使得网络文本与传统文本在写作与阅读等方面产生了一些根本性的区别。恰当地运用超链接手段，可以提高信息传播的效率，但另一方面滥用或误用超链接，往往会适得其反。

在网络中，超链接是网页重要的组成部分，他可以有效清晰地组织网页，并方便用户和网民浏览相关信息，因此具有强大的交互功能和重要作用。在形式上，超链接通常是以文本的加亮、下划线或带加亮框的形式呈现出来。如将鼠标指针放在某个元素上，鼠标指针随即变成了一只小手，人们只要点击那些设置了超链接的地方，就可以打开新的页面，浏览新的信息。

2. 超文本的内涵和特征

（1）超文本的内涵

在实际的运用中，如果将超链接看作是一种按信息之间关系非线性地存储、组织、管理和浏览信息的计算机技术，那么超文本就是运用超链接将各种不同空间的文字信息组织在一起的网状文本。

超链接是与超文本紧密联系在一起的，甚至我们可以将两者看作是一体的两面。与传统文本的线性结构相比，超文本的最大特征在于它的非线性结构。

（2）超文本的特征

1）对一些重要概念进行扩展。对网络文稿中的一些概念进行扩展，目的在于通过扩展信息面、加强信息深度等方式帮助网民更直接地了解信息的深层背景，获得丰富的相关信息，并充分发挥网民的主观能动性。

2）改变传统的文本写作方式。在进行超文本写作时，可以采用将材料分层的做法，在一篇文章中只把那些最关键的信息和相关详细信息表现出来，而那些相关的细节分别用超链接给出，并充分尊重网民的选择，随其个人意愿和需要决定进入哪一个方面的阅读。

举一反三

1）搜索网络新闻，给以下网络新闻添加合适的网络链接。

新街口东街一餐厅液化气发生爆燃　原因已经查明

新街口一餐厅液化气爆燃事故原因查明　已排除人为破坏

千龙网讯 9月25日新街口东街一餐厅发生的液化气爆燃事故现已查明原因。9月26日，西城区政府新闻发言人公布，经西城区安全生产监督管理局组成的专家调查小组鉴定，该事故符合餐厅内液化气罐气体泄漏，在室内积聚到一定浓度后，遇电器启动时产生的火花引发的爆燃所致，已排除人为破坏。

此次事故中共有16人受伤，大多数为轻伤，其中3名餐厅员工伤势较重，当即被送往医院救治，无生命危险；其他13名受伤的过路行人目前正在医院接受治疗。

另据调查，该餐厅引起爆燃的液化气罐是由两名外地员工提供的非正规企业生产的产品。

专家提示生产和经营单位，一定要使用正规企业生产的液化气罐，并按安全规范操作。

（资料来源：http://news.sohu.com/20090927/n267019104.shtml　2009年09月27日 00:57）

2）寻找近期中国青年报的一篇新闻，并将其改写为网络新闻报道的形式。

3）在主要的门户网站中，浏览含有超链接的网站，并对什么情况下用超链接进行总结归纳。

任务总结

本章通过一个网络信息内容编辑的任务介绍了网络稿件的修改、标题的拟制、关键词的设置、超链接的运用等相关知识。

网络稿件报道新闻事实的基本要求是真实、准确、清楚、统一、科学。网络稿件存在的主要问题包括：政治性错误、事实性错误、知识性错误、辞章性错误、行为格式不规范、语言表达不清楚、新闻报道有偏见。网络稿件主要的修改方法有稿件的校正、压缩、增补、改写。

网络稿件标题的构成要素主要包括：主题、小标题、准导语、题图、附加元素。网络稿件的标题具有索引选择信息、提示信息内容、吸引网民、评价信息内容、丰富美化页面、体现编辑风格等功能。制作标题时需要遵循题文一致、简单凝练、具体准确、突出亮点、亲近贴切、新颖生动等原则。制作网络文稿标题的技巧包括内容的提炼和润色、形式的编排和美化。

设置关键词时需要遵循精确性和规范性、全面性和适度性、逻辑性和层次性等原则。关键词设置的步骤：先把握稿件的主题，再提炼关键词，最后选用适当数量的关键词并注意其逻辑排列顺序。

超链接的主要特征表现在对一些重要概念进行扩展和改变传统文本的写作方式。运用超链接可以在一篇文章中为某些关键词设置超链接，设置延伸性阅读，改写文章。但是，在运用超链接时，需要注意超连接的度和量、打开方式等。

练　习　题

一、单项选择题

1．稿件中出现的诸如诗词引用不准确，历史事件时间、地点、人物差错、地理知识紊乱以及其他学科知识误用等时，属于网络文稿常见错误中的（　　）。

A．知识性错误　　B．事实性错误

C．辞章性错误　　D．语言表达不准确

2．以下不属于网络稿件报道新闻事实的基本要求的是（　　）。

A．真实　　B．简练　　C．统一　　D．科学

3．将原稿与打印稿进行比照，找出并修改异同，适用于没有改动或改动很少的原稿，这种校对方法是（　　）。

A．点校法　　B．人机结合校对　　C．折校法　　D．读校法

4．在标题中字号最大，地位也最显著的标题构成要素是（　　）。

A．题图　　B．准导语　　C．主题　　D．小标题

5．以下无法使网络稿件标题新颖生动的是（　　）。

A．语言新　　B．风格新　　C．角度新　　D．立意新

6．与网络信息的筛选和归类、网络内容的编辑、网络稿件标题的制作、网络专题的策划等都存在着直接或间接的密切关系的是（　　）。

A．题图　　B．导语　　C．小标题　　D．关键词

7．关键词的选取和设置中最重要的原则是（　　）。

A．逻辑性和层次性　　B．适度性

C．全面性　　D．精确性和规范性

8．超文本最大的特征是（　　）。

A．选择性　　B．层次性　　C．非线性　　D．信息全面

9．以下不属于超链接的作用是（　　）。

A．解释与扩展关键词　　B．美化页面

C．改写文章　　D．延伸性阅读

10．超链接和超文本的关系是（　　）。

A．一体的两面　　B．完全一样，只是说法不同

C．毫无关系　　D．有一定联系，但是有很大不同

二、简答题

1．网络稿件存在的主要问题有哪些？

2．网络稿件主要的修改方法有哪些？

3．网络稿件校对的主要方法以及与传统的校对有什么异同？

4．简述网络稿件标题的构成要素。

5．简述网络稿件标题的制作技巧。

6．设置关键词时需要遵守哪些原则？

7．关键词设置的具体步骤有哪些？

8．简述超链接的概念及其与超文本的区别。

9．超链接的作用有哪些？

10．运用超链接时需要注意哪些问题？

任务4　编辑网络多媒体信息

任务提出

小李已对收集的网络文稿信息进行了整理。现在小李需要收集网络图片、音视频等素材，以辅助网络文稿信息。

任务分析

本次主要任务是了解各种多媒体素材的作用和特点，能够正确选择图像、音频、视频的文件格式。具体来说，本次任务涉及到如下内容:

1）收集和编排网络图片。图像文件的格式有很多种，这就要求小李了解大多数浏览器支持的网络图像文件的格式、收集网络图片的途径、网络图片编排等　知识。

2）收集和编排网络动画。动画是通过连续播放一系列画面，在视觉上造成连续变化的图画，通常用来完成简单的动态过程演示。小李应该了解目前网络上常用的动画文件格式、收集网络动画的途径等。

3）编排网络音视频文件。随着网络媒体技术的发展，音频、视频等多媒体信息也越来越多的通过网络进行发布。小李应该掌握目前网络上常用的音视频文件格式，编排网络音视频信息时需要注意的问题等知识。

任务分解

为了完成以上内容，可以将任务分解为如下3个子任务:

子任务1: 编辑网络图片;

子任务2: 编辑网络动画;

子任务3: 编辑网络音频、视频。

下面分别对这些任务的目标进行确认，并对任务的实施给予理论和实践上的指导。

子任务1　编辑网络图片

子任务目标

- 了解网络图片的类型、格式
- 理解网络图片的作用及应用原则
- 掌握网络图片收集及编排的方法
- 掌握 Photoshop 的基本操作

1. 收集网络图片素材

（1）网络图片的类型

网络图片的类型主要有照片、图示、漫画三种。

1）照片是新闻报道中最常见的图片类型，如图 4-1 所示的页面。他们通常都紧紧围绕着主题、聚焦新闻报道的焦点或者报道的核心人物、事件发生的地点及引发人联想的标志性的事物等。

2）图示可以通过不同的形态，将抽象的规划具体化，将枯燥的数字形象化，将分散的内容整体化，将平面的文字立体化，如图 4-2 所示的页面。网络新闻中的图示一般可以分为两大类：一类是新闻图表，主要有折线图、饼图、柱图、架构图等；另一类是新闻图示，多为对事件发生的事件、地点、路线的描述等。

图 4-1　新浪网新闻频道-英国退休教师称拍到飞碟跟踪空军飞机的页面

图 4-2　网易科技频道-第 24 次互联网发展报告：网民规模的页面

3）漫画是一种具有讽刺性或幽默性的绘画作品，他往往从现实生活中取材，通过夸张、比喻、象征、寓意等手法，表现主题事件或人物，如图 4-3 所示的页面。

（2）正确选择网络图片的格式

图片是网页的重要组成部分，目前，大多数浏览器支持的网络图片的格式主要有 JPEG、GIF、PNG 三种格式。

1）JPEG 格式是照片和连续色调图像的文件格式，他采用失真的压缩方式压缩大型图像，同时能够保留图像的整体质量。JPEG 文件可以使用任何色彩数目，支持 24 位全彩色。其不足在于对图像压缩的越多，信息就丢失的越多，从而导致图像变得模糊、朦胧，以至于无法看清。因此，在将文件保存为 JPEG 时，在压缩率与质量之间需要有一个平衡。

图 4-3 凤凰网资讯频道-—一年前这种事在中国是绝难发生的页面

2）GIF 格式是非连续色调或具有大面积平面色彩图像的格式。他采用非失真的压缩方式，即图像在压缩后不会有细节上的损失。GIF 格式支持透明功能、动画效果，主要用于保存和压缩基于文字的图像、线条和剪贴画等。其不足在于最多只能保存 256 种颜色（8 位颜色），常用于矢量图形的转存。

3）PNG 格式支持 24 位全彩色，采用非破坏性压缩，可以完整和精确地保存图像的亮度和彩度，同时他还提供比 GIF 和 JPEG 格式更快的交错格式及更好的透明背景。由于其采用无损压缩方式，所以，PNG 格式的文件通常比 JPEG 大，比 GIF 格式文件小。此外，目前的一些浏览器还不支持 PNG 格式。

（3）网络图片的收集

网络图片可以通过摄影、专业图片网站、网站的图片频道、搜索引擎等途径来获取。下面以通过搜狐网进行“九寨沟”风光图片的收集为例进行介绍。

1）登录搜狐网站（http://www.sohu.com），点击首页上边的“搜狗”栏目进入图 4-4 所示的搜狗搜索页面。

2）搜索图片。点击“图片”栏目进入图片搜索页面，在其搜索框输入“九寨沟风光”，然后单击“搜狗搜索”按钮，搜索结果如图 4-5 所示。

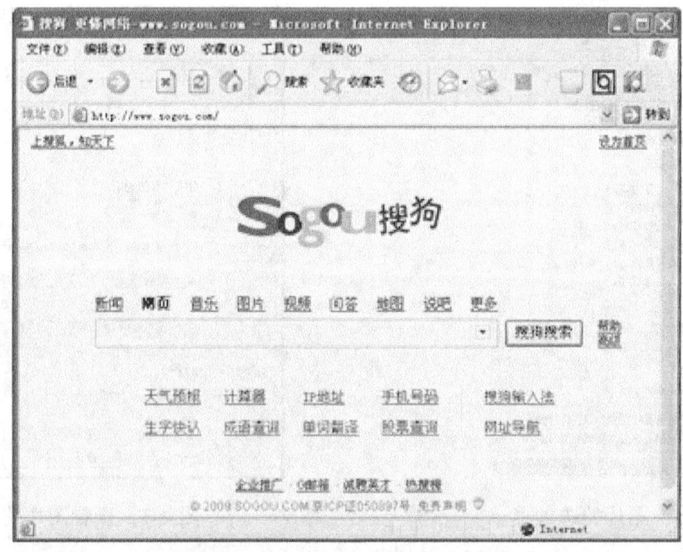

图 4-4　“搜狗”搜索页面

图 4-5　搜狐图片搜索的结果

3）查看图片的属性。选中要查看格式的图片，点击鼠标右键，弹出图 4-6 所示的选项菜单，从中选择“属性”选项，即可查看图片的格式、大小及尺寸等，如图 4-7 所示。

4）保存图片。选中要保存的图片，点击鼠标右键，在弹出的选项菜单中选择“图片另存为”选项，弹出图 4-8 所示的“保存图片”对话框，选择图片保存的位置，命名图片名称后，单击“保存”按钮即可保存该幅图片。

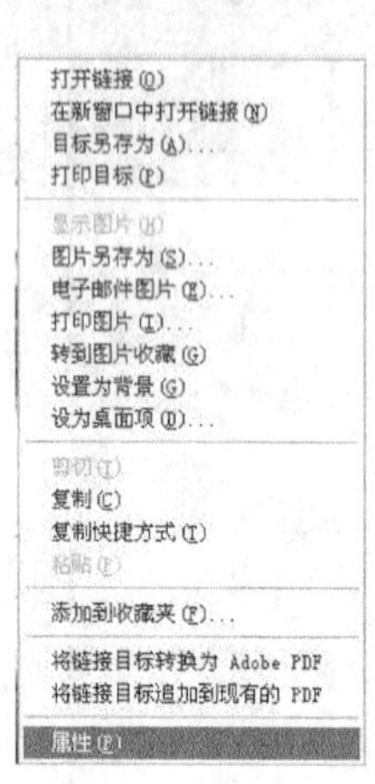

图 4-6　图片的选项菜单

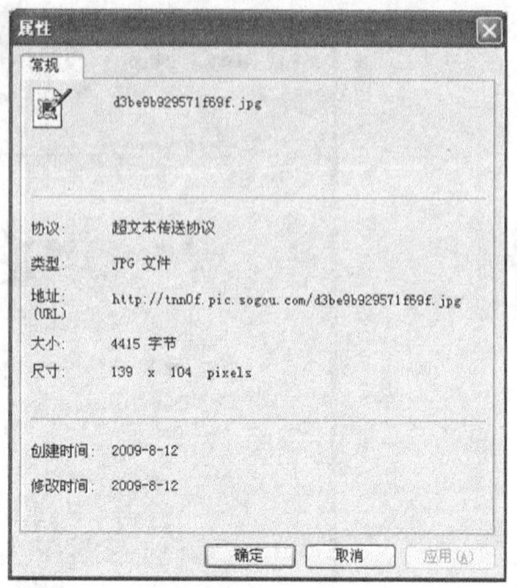

图 4-7　查看图片的属性

图 4-8　“保存图片”对话框

2. 编排网络图片信息

在网页中，合理地安排图片可以起到画龙点睛、调剂版面视觉效果的作用，如果安排不当，则会破坏整个页面的视觉效果。

（1）图片放置在页面的左上方

新浪新闻中心的首页采用了将图片放置在页面左上方的形式，如图 4-9 所示。这种方式符合人们从左到右的视觉和阅读习惯，页面的左上方是人们阅读和浏览的视觉起点。

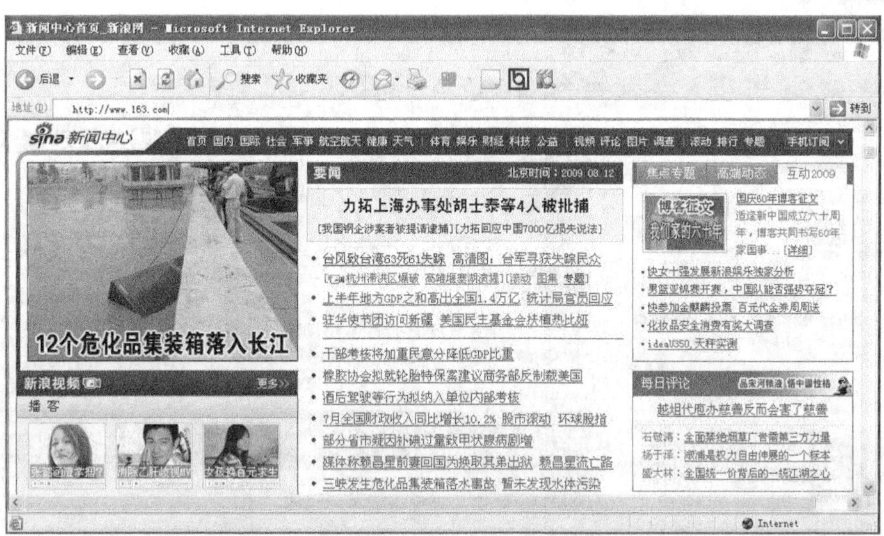

图 4-9　新浪网-新闻中心首页

（2）图片放置在页面的右上方

网易新闻中心的首页采用了将图片放置在页面右上方的形式，如图 4-10 所示。这种非常规的图片放置在视觉和阅读感受上都可以给受众以突破。

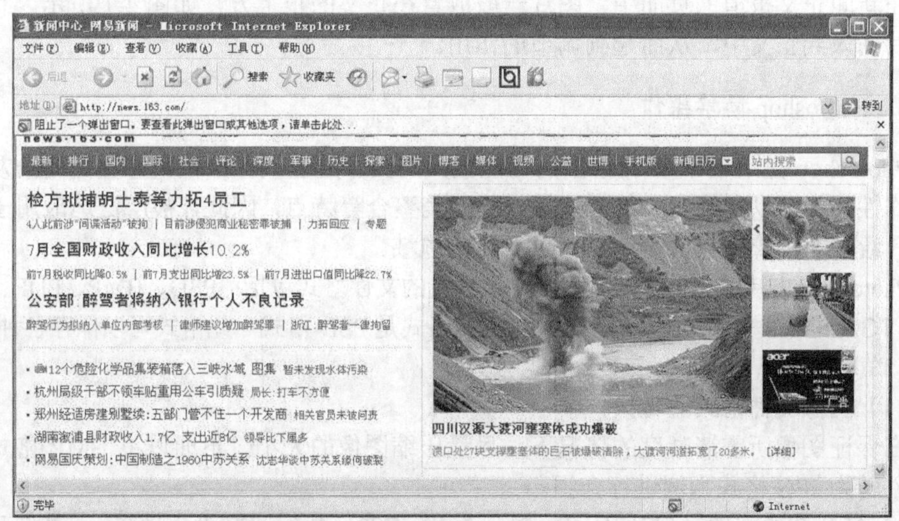

图 4-10　网易网-新闻中心首页

（3）采用多个小图纵向或横向排列

如图 4-11 所示的搜狐教育专题的页面，通过水平、垂直线分割，将多幅图像在页面上整齐有序地排列成块状。这种结构打破常规，从而使得页面生动活泼，具有强烈的整体感和秩序美感。

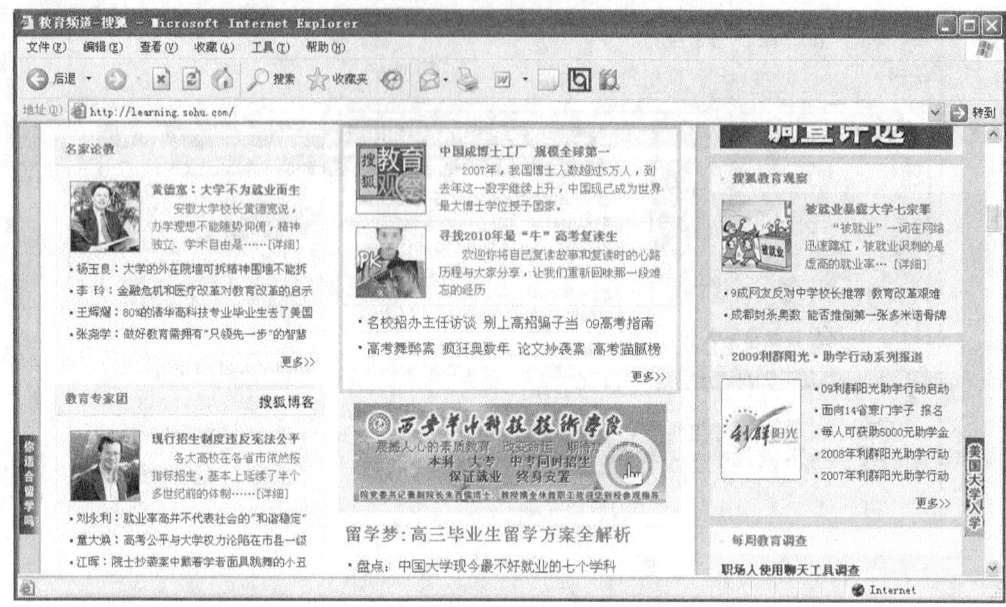

图 4-11　搜狐网-教育频道首页

（4）图片放置在消息正文的正上方

在新闻正文报道的页面中，图片一般放置在正文的正上方，如图 4-1 所示。有时也将图片插入到正文中，从而起到调节的作用。

3. Photoshop 简单操作

Photoshop 是 Adobe 公司推出的功能强大的图像处理软件，他具有界面简洁友好、可操作性强、可以和绝大多数的软件进行完美整合等特点，因此，被广泛地应用于图像处理、绘画、多媒体界面设计、网页设计等领域。

Photoshop 支持的文件格式有很多种，常见的文件格式包括：PSD、BMP、PDF、JPG、GIF、TGA、TIFF 等。Photoshop 软件自身的格式是 PSD 格式，此格式可以保存各种图层、通道、蒙版等信息，且不容易导致数据丢失。

（1）图像文件格式的转换

在保证图像所需清晰度的情况下，尽量压缩图像的大小。下面以将 BMP 格式的图像文件转为 JPG 格式为例进行介绍。

1）打开图像文件。启动 Adobe Photoshop CS3，执行“文件”菜单 →“打开”命令或按 Ctrl+O 快捷键，在弹出的“打开”对话框中选择所需的图像文件，然后单击“打开”按钮，打开的图像界面如图 4-12 所示。

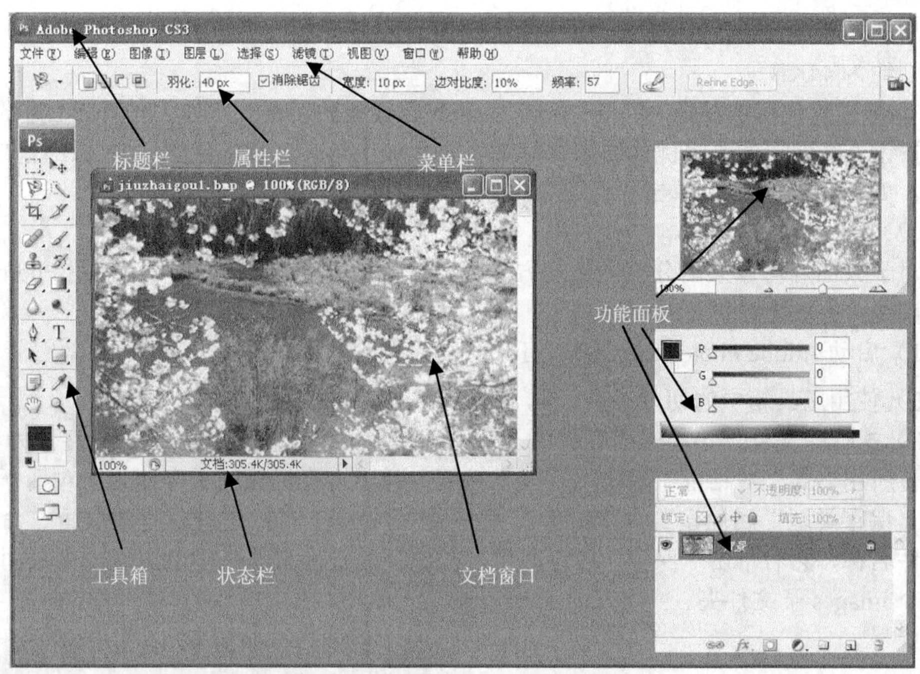

图 4-12　Photoshop 工作界面

2）优化图像文件。执行“文件”菜单→“存储为 Web 和设备所用格式”命令，在弹出的对话框中选择“双联”选项卡，左侧图像为原始图像，右侧图像为进行优化后的图像，两者之间可进行清晰度、大小等的对比。设置“预设”属性为 JPEG 格式，“品质”属性为 60，具体的设置如图 4-13 所示。

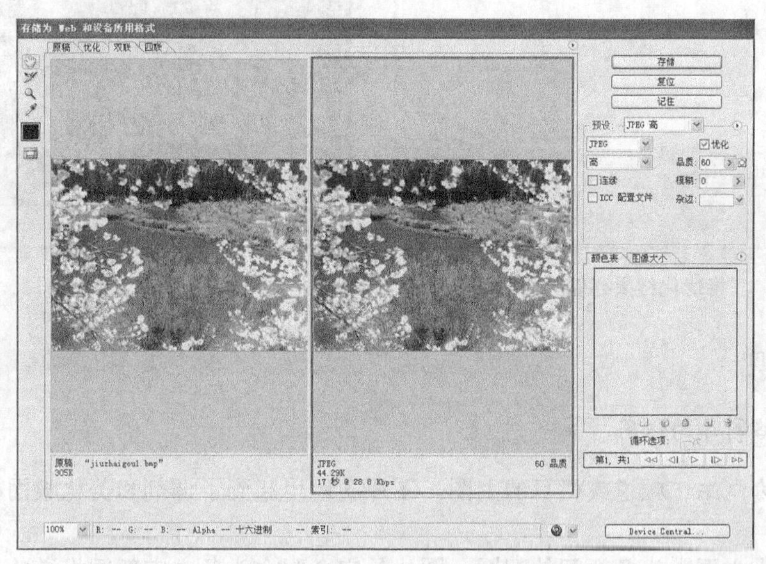

图 4-13　图像优化设置界面

原始图像的大小为305KB，而在保证图像清晰度基本不变的情况下，优化后的图像大小则约为44KB。

3）导出优化后的图像。单击“存储为Web和设备所用格式”对话框中右上方的“存储”按钮，在弹出的“将优化结果存储为”对话框中选择保存的位置、命名图像文件名称后，如图4-14所示，单击“保存”按钮即可。

（2）图像文件的优化

对于大图片可以采用分割图像的方法将其分割成几小块，同时下载。使用Photoshop进行图像分割的方法如下：

1）启动Adobe Photoshop CS3，打开一幅较大的图像文件。

2）使用工具箱中的切片工具，绘制切片，如图4-15所示。

3）执行“文件”菜单→“存储为Web和设备所用格式”命令， 在“存储为Web和设备所用格式”对话框中单击“存储”按钮，弹出“将优化结果存储为”对话框，此时的“保存类型”属性设置为“HTML 和图像（*html）”，选择保存的位置、命名图像文件名称，然后单击“保存”按钮即可。在保存的目标文件夹中会出现一个页面文件和一个images子文件夹。

图4-14　“将优化结果存储为”对话框

图4-15　绘制切片

相关知识

1. 网络图片的作用

1）作为网站、频道或栏目的主图。图片的运用起到了调剂和美化版面视觉效果的作用。

2）作为主页上头条新闻的配图。图片是完全配合头条文字新闻报道的，图片的运用增加了报道的生动性、真实性和冲击力。

3）作为栏目的题图照片。图片兼有渲染版面和提示信息内容的作用。

4）作为消息正文的配图。这种图文搭配报道的内容更生动、形象。

5）作为独立的图片新闻报道。这种图片新闻报道既满足了人们视觉享受的同时，又将事件解释的清晰明确。

2. 网络图片的应用原则

（1）真实性原则

在图片的编辑过程中，必须对图片的真实性进行辨别，这样才能维护新闻的真实性。同时图片的使用必须恰当，避免误导受众。

（2）思想性原则

需要审核图片是否能突出文章的重点，图文搭配要合理，不可脱节，不能偏离主题，尤其是为新闻报道配发的图片更要注意图片的选用。

（3）艺术性原则

好的图片不仅仅是图解文字，他应该是在报道文章内容的前提下进行的艺术再创作，尤其那些简洁明了的图表和诙谐幽默的配图，往往还能进一步引发人们的联想和深思，同文章彼此呼应、相得益彰。

（4）实用性原则

图片在满足真实性、思想性、艺术性原则的基础上，从编辑的角度看，图片的选择还应便于排版，这一点对网页的整体美观也是极为重要的。

3. 应用网络图片时需要注意的问题

（1）图片的格式

网络图片使用最广泛的格式是 GIF、JPEG 和 PNG 格式。

（2）图片的大小

图片过大，会影响网页的显示速度。必要时对于过大的图片需要利用一些软件对图像进行优化处理。

（3）图片的面积

图片在网页中占据的面积大小能直接显示其重要程度。一般大图片容易形成视觉焦点，感染力强，传达的情感较为强烈；小图片常用来穿插在文字中，显得简洁而精致，起到点缀和呼应页面主题的作用。

举一反三

1）根据自选主题网站的内容收集尽可能多的网络图片，并对他们进行分类整理，以备使用。

2）使用 Photoshop 软件将 PSD、TIF 等格式的文件转化为网页中能够应用的图像格式。

3）使用 Photoshop 软件对大图像进行优化处理。

子任务2　编辑网络动画

子任务目标

- 了解网络动画的类型及格式
- 理解网络动画的作用
- 掌握网络动画收集及编排的方法

1. 收集网络动画素材

（1）了解网络动画的类型

网络动画以互联网为载体，以运动的画面形象为表现手法，具有娱乐、宣传、商业、教育等功能的一种动画传播形式。随着互联网技术的快速发展，网络动画也应用得较为普遍。网络动画主要包括游戏、动画短片、贺卡、音乐MV等形式。

（2）网络动画文件的格式

1）FLA动画格式。Flash动画是一种矢量动画格式，具有品质高、体积小、交互性强、可带声音和兼容性好等特点，而且可以在下载的同时进行流畅的播放，完全打破了网络带宽的限制，非常适合在网络上进行传播。SWF文件是由FLA文件在Flash中编辑完成后输出的成品文件，可以由Flash插件来播放，也可以制成单独的可执行文件，无须插件即可播放。Flash动画与文字描述相比更逼真，更形象，因此，Flash在各网站中都得到了大量的应用，主要用于模拟战局示意图，灾难或事故的场景报道等，如图4-16所示的新浪网的台风莫拉克路径页面。

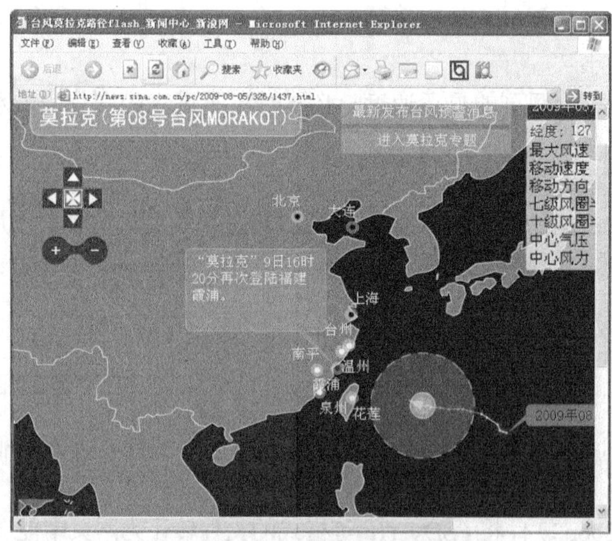

图4-16　新浪网-台风莫拉克路径页面

2）GIF 动画格式。在一个 GIF 文件中可以保存多幅彩色图像，如果把存在于一个文件中的多幅图像数据逐幅读出并显示到屏幕上，就构成了一种最简单的动画。网上很多小动画都是 GIF 格式的。

（3）网络动画素材的收集

1）搜索引擎。利用百度的图片目录（http://www.baidu.com/search/image_cartoon.html），Google 的图片目录等收集网络动画，其中百度的卡通动漫搜索页面如图 4-17 所示。

2）网站的动画频道。利用网站的动画频道进行网络动画的收集。如新浪的动漫频道（http://comic.book.sina.com.cn/）、图腾讯的动画频道（http://flash.qq.com/）、CCTV 的动画频道（http://www.cctv.com/cartoon/）等，其中腾讯动画频道的首页如图 4-18 所示。

3）专业动画网站。利用专业动画网站来收集网络动画素材，如闪吧动漫网站（http://www.flash8.net）、动漫无限网站（http://www.comicer.com/）等，其中闪吧动漫网站的首页如图 4-19 所示。

4）其他渠道。网络动画还可以通过 Flash、Photoshop 等软件自己制作。其中 Flash 是当前 Internet 上最为流行的 Web 动画制作软件，他集矢量编辑和动画创建于一体，同时可以将图形、图像、音频、动画和交互动作有机地结合在一起，制作出美观、新颖、交互性强的动态网页。Adobe Flash CS3 的工作界面如图 4-20 所示，主要包括标题栏、菜单栏、主工具栏、工具箱、时间轴面板、舞台、属性面板、功能面板等。

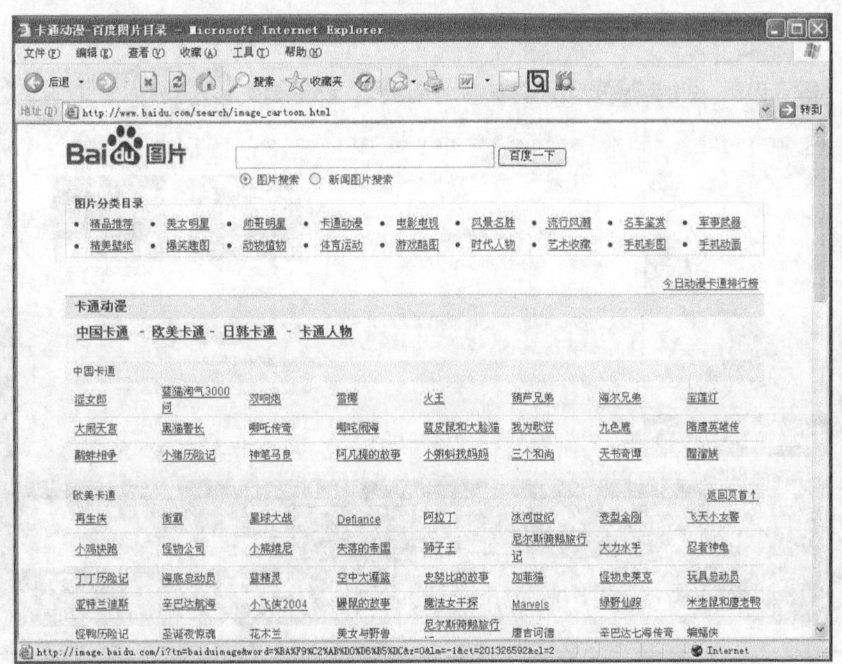

图 4-17　百度-卡通动漫搜索页面

图 4-18　腾讯-动画频道首页

图 4-19　闪吧动漫网站首页

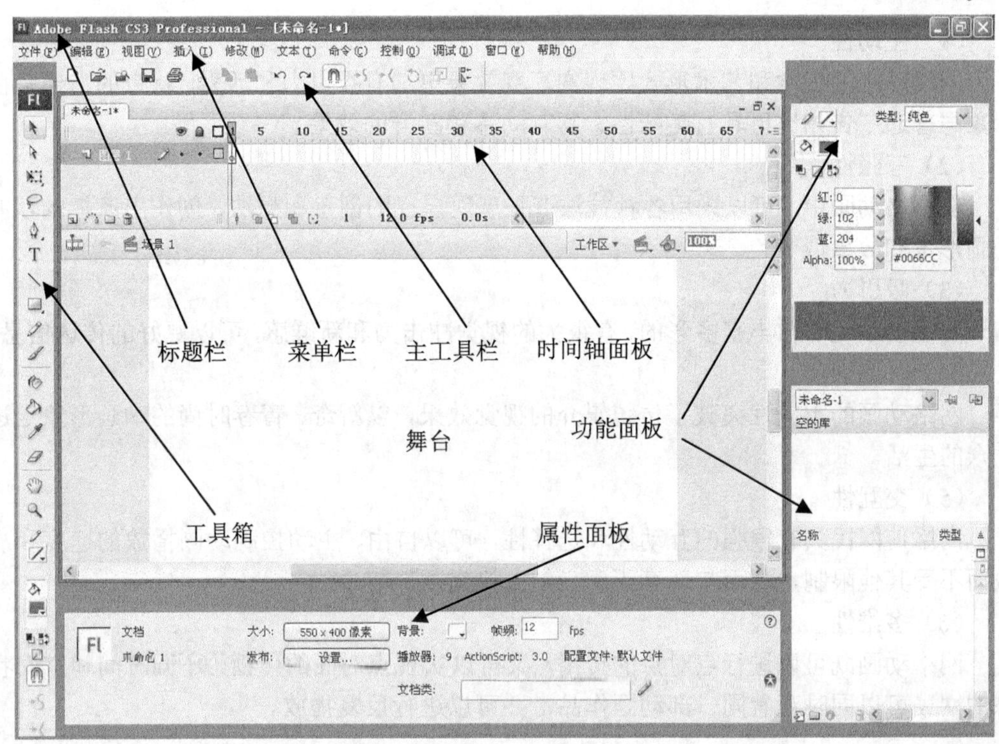

图 4-20　Flash 的操作界面

2. 编排网络动画信息

在网页中编排动画时，需要遵循以下原则：

1）避免干扰重要信息。动画不能干扰网民对重要信息的关注，而应该提供相应的、积极的、有帮助的信息。动画可以有效地吸引人的注意力，并引导人的注意焦点和感觉。

2）避免页面混乱。动画的播放和组织需遵守有意义的顺序，应创建简短整洁的动画，混乱的页面会妨碍信息的有效传递。

3）使用文本和听觉信息来辅助动画。不同网民对于同一动画会有不同的理解，因此，单独地呈现动画会带来含义不确定的风险。使用文本、声音来辅助动画则可以明确动画的含义。

相关知识

网络动画的特征

网络动画有着信息传递效率高、受众接受度高、宣传效果好的显著优势。网络动画的特征主要体现在以下几方面：

（1）生动性

网络动画的视觉和艺术形式比现实写真效果更加有吸引力和活力。特有的卡通角色形象与普通广告相比更具有趣味性、富有动感和新鲜的效果。

（2）夸张性

在网络动画中，可以采用各种技法夸张展现自己的创意和想法，创作出风趣幽默的动画形象和故事情节。

（3）吸引力

网络动画是非常丰富多彩的，有很大的视觉冲击力和新鲜感，可以更好的传达信息。

（4）时尚性

网络动画的审美性突破了传统媒介的视觉效果，以新奇、青春时尚的动画形象走进大众的生活。

（5）交互性

网络使网民具有很强的互动性和选择性，可以自由、主动控制动画播放的速度和次数而不受其他限制，从而实现真正意义的人机交互。

（6）多维性

网络动画既可以进行点对点的传播，又可以实现点对面的传播，不同时间和空间状态的网民可以同时观看同一部动画作品，并可以进行反复播放。

举一反三

1）根据自选主题网站的内容收集所需要的网络动画，并进行分类整理。

2）浏览新浪网、搜狐网等网站，体会网络动画用于一些场景报道的作用。

3）熟悉 Flash 的工作环境，制作一个简单的 Flash 动画。

子任务 3　编辑网络音频、视频

子任务目标

- 了解网络音视频的格式
- 理解网络音视频的作用
- 掌握收集音视频的途径
- 掌握网络音视频编辑的原则

1. 收集网络音频素材

（1）了解网络音频的应用形式

1）网络广播。网络音频的一个重要应用就是网络广播，而网络广播中非常重要的内容就是网络新闻。网络音频新闻通过网络利用声音手段对新近或正在发生的实事进行

的报道，他可以是一般的口播新闻，也可以是包含了各种新闻音响的音响报道。常见的网络音频新闻的方式有音频新闻+文字新闻和图片幻灯+音频新闻等。

2）音乐网站。专门提供音乐服务的网站，又可分为两类：一类是非常专业、分类明确的音乐网站，如中国音乐在线（http://www.mtvtop.net）、我爱音乐网（http://www.520music.com）等，其中我爱音乐网站的首页如图4-21所示；另一类是音乐搜索类网站，如雅虎音乐搜索（http://music.cn.yahoo.com）、百度MP3搜索（http://mp3.baidu.com）等，其中百度MP3搜索的页面如图4-22所示。

图4-21　我爱音乐网站首页

图4-22　百度-MP3搜索页面

（2）了解网络音频文件的格式

声音是多媒体的一个重要方面，他可以帮助说明那些没有实际形态的内容，从而能最大限度地影响展示效果。

1）WAV 文件格式（.WAV）。声音文件最基本的格式是 WAV（波形）格式。他把声音的各种变化信息（频率、振幅、相位等）逐一转成 0 和 1 的电信号记录下来，记录的信息量相当大，其具体大小与记录的声音质量高低有关。

2）MIDI 文件格式（.MID）。MID 文件又叫 MIDI 文件，其记录方法与 WAV 完全不同。人们在声卡中事先将各种频率、音色的信号固化下来，在需要发一个什么音时就到声卡里去调那个音。一首 MIDI 乐曲的播放过程就是按乐谱指令去调出所需要的各个音来。因此，MIDI 的文件体积很小，即使是长达十多分钟的音乐也不过十多 K 至数十 K。

3）MP3 文件格式（.MP3）。MP3 可以说是目前最为流行的多媒体格式之一。他将 WAV 文件以 MPEG2 的多媒体标准进行压缩，压缩后体积只有原来的 1/10 至 1/15（约每秒 lM），而音质基本不变。

4）RealAudio 文件格式（.RA）。RealAudio 文件是 Progressive Networks 公司开发的一种新型音频流文件格式，主要用于在低速率的广域网上实时传输音频信息。

5）Windows Media Audio 文件(.WMA)。WMA 格式是微软公司开发的音频文件格式，音质强于 MP3 格式，更远胜于 RA 格式。WMA 的压缩率可以达到 1∶18 左右，支持音频流技术，适合在网络上在线播放。

2. 收集网络视频素材

（1）了解网络视频文件的格式

视频是一种声像并存的信息形式，视频可以表现强烈的现场感，通常视频的信息量比较大。

1）Audio Video Interleaved 文件格式（.AVI）。AVI 格式允许视频和音频交错在一起同步播放，支持 256 色和 RLE 压缩。由于 AVI 文件并未限定压缩标准，因此，AVI 文件格式只是作为控制界面上的标准，不具有兼容性。AVI 文件图像质量好，可以跨多平台使用，但体积过于庞大，而且压缩标准不统一。

2）QuickTime 文件格式（.MOV/.QT）。QuickTime 文件格式支持 25 位彩色，支持领先的集成压缩技术，提供 150 多种视频效果，并配有提供了 200 多种 MIDI 兼容音响和设备的声音装置。QuickTime 以其领先的多媒体技术和跨平台特性、较小的存储空间要求、技术细节的独立性以及系统的高度开放性，得到业界的广泛认可，目前已成为数字媒体软件技术领域事实上的工业标准。

3）MPEG 文件格式（.MPEG/.MPG/.DAT）。MPEG 文件格式是运动图像压缩算法的国际标准，他采用有损压缩方法减少运动图像中的冗余信息，同时保证每秒 30 帧的图像动态刷新率，几乎已被所有的计算机平台共同支持。同时图像和音响的质量也非常

好，并且在计算机上有统一的标准格式，兼容性相当好。

4）RealVideo 文件（.RM/.RA/.RAM/.RMVB）。RealVideo 文件是 RealNetworks 公司开发的一种新型流式视频文件格式，主要用来在低速率的广域网上实时传输活动视频影像，可以根据网络数据传输速率的不同而采用不同的压缩比率，从而实现影像数据的实时传送和实时播放。

5）ASF 格式。ASF 是 Microsoft 公司推出的一个在 Internet 上实时传播多媒体的技术标准，他能依靠多种协议在多种网络环境下支持数据的传送。ASF 的视频部分采用了先进的 MPEG-4 压缩算法，音频部分采用了 WMV 压缩格式。ASF 具有本地或网络回放、可扩充的媒体类型、部件下载及扩展性等特点。

6）WMV 格式。WMV 格式是 Microsoft 公司推出的一种实时传播多媒体的技术标准，Microsoft 公司希望用其取代 QuickTime 之类的技术标准以及 WAV、AVI 之类的文件扩展名。WMV 具有本地或网络回放、可扩充的媒体类型、部件下载、可伸缩的媒体类型、流的优先级化、多语言支持、环境独立性、扩展性等特点。

（2）网络视频素材的收集

网络视频的特色主要体现在网络视频新闻、网络影视剧、网友拍摄的 DV 短剧等方面，图 4-23 所示的是一则有关北京天文馆馆长讲解日全食观测方法的视频消息。

图 4-23　新浪网-北京天文馆馆长讲解日全食观测方法页面

搜集网络视频素材的途径主要有：

1）搜索引擎。利用百度的视频搜索（http://video.baidu.com）、搜狗视频搜索（http://v.sogou.com）等收集网络视频素材，其中搜狗视频搜索的页面如图 4-24 所示。

图 4-24　搜狐-搜狗视频搜索页面

2）网站的视频频道。利用网站的视频频道进行网络视频素材的收集，如新浪网的视频频道（http://video.sina.com.cn）、腾讯的视频频道（http://bb.news.qq.com）、CCTV的搜视频道（http://tv.cctv.com/top/index.shtml）、新华网的视频频道（http://www.xinhuanet.com/video）等，其中新华网的视频频道首页如图 4-25 所示。

图 4-25　新华网-视频频道首页

3）专业视频网站。利用专业视频网站来收集网络视频素材，如酷 6 网（http://www.ku6.com）、优酷网（http://www.youku.com）等，其中酷 6 网的首页如图 4-26 所示。

3. 编排网络音视频信息

网络音视频具有覆盖范围广、信息容量大、传播速度快、互动性强等特点，因此，

在网站中得到了广泛的应用。编排网络音视频信息时，需要遵循以下原则：

1）视频的声画字要同步。只有将声音、动画、图片三种信息有机的结合才能使新闻看起来更流畅、更容易被人接受。

2）视频的衔接要自然。只有在视频的场景转换、声音的过渡及转接处理合适时，才能使受众观看视频时感到自然、不生硬。

3）视频的画面选取要合理。考虑到网络信息浏览的广泛性，因此在选取新闻画面时要合理，如过于血腥和刺激的场面容易引起观看者的反感和恐惧心理，同时也要考虑到未成年人的心理。

4）注意音频的质量。声音要达到一定的响度要求，除声源以外不能明显有持续性噪声，声音的保真度高等。

5）选择音视频文件时要讲究内容集中，尽量将一件事情的来龙去脉说清楚。

图 4-26　酷 6 网站首页

相关知识

1. 流媒体技术

所谓流媒体是指采用流式传输的方式在 Internet 播放的媒体格式，如音频、视频等文件。流媒体在播放前并不下载整个文件，只将开始部分内容存入内存，在计算机中对数据包进行缓存并使媒体数据正确地输出。

在采用流式传输方式的系统中，用户不必像采用下载方式那样等到整个文件全部下载完毕，而是只需经过几秒或几十秒的启动延时即可在用户的计算机上利用解压设备对压缩的 A/V、3D 等多媒体文件解压后进行播放和观看。此时多媒体文件的剩余部分将在后台的服务器内继续下载。与单纯的下载方式相比，这种对多媒体文件边下载边播放的流式传输方式不仅使启动延时大幅度地缩短，而且对系统缓存容量的需求也大大降低，极大地减少了用户等待的时间。

流媒体技术广泛应用于互联网信息服务，如多媒体新闻发布、在线直播、网络广告、电子商务、视频点播、远程教育、远程医疗、网络电台、实时视频会议等。目前，常用的流媒体格式有 ASF、3GP、VIV、SWF、RT、RP、RA、RM 等。

2. 网络音视频的作用

（1）网络音频的作用

声音对于文字信息是一个有力的补充。网络音频的作用主要有：

1）引导受众正确理解影像信息的含义。

2）对影像信息进行补充，传达影像文件无法表现的主观信息。

3）利用语言的概括性简洁而清楚地传达新闻信息。

（2）网络视频的作用

视频是一种结合了图片与声音两者优点的信息形式。网络视频的作用主要有：

1）能够再现镜头前的全部现象，表现出强烈的现实感。

2）由于拍摄者的主观意图在很大程度上决定了观看者的观看效果，因此，视频的拍摄、传达与接受都是具有强制性的。

3）视频中不同的镜头用不同的方式加以组合，可能产生不同的效果。

举一反三

1）从网上查找一个提供音频服务的网站，并查看其音频文件的格式。

2）从网上查找一个提供视频服务的网站，并查看其视频文件的格式。

3）根据自选主题网站的内容收集所需要的网络动画、音频、视频等，并进行分类整理。

任务总结

本章通过了一个网络多媒体信息编辑的任务介绍了网络图片、网络动画、网络音视频的相关知识。

在新闻报道中，图片的类型主要有照片、图示、漫画等类型。目前大多数浏览器支持的网络图像文件的格式有 JPEG、GIF 和 PNG 格式。可以通过专业图片网站、网站的图片频道、搜索引擎等途径来获取网络图片。编排网络图片时，可以将图片放置在页面的左上方、页面的右上方、消息正文的正上方及采用多个小图纵向或横向排列等形式。应用网络图片时需要遵守真实性、思想性、艺术性和实用性等原则，并注意格式、大小、面积等问题。

网络动画主要包括游戏、动画短片、贺卡、音乐MV等形式。动画格式主要有SWF、GIF动画。网络动画具有夸张性、吸引力、时尚性、交互性、多维性等特征；可以通过搜索引擎、网站的动画频道、专业动画网站等进行网络动画素材的收集。编排网络动画时应避免干扰重要信息，避免页面混乱，可以使用文本和听觉信息来辅助动画。

视频文件的格式主要有ASF、WMV等。声音文件的格式主要有MIDI、MP3、RA、WMA等。编排网络音视频信息时，需要注意视频的声画字要同步，视频的衔接要自然，视频的画面选取要合理，注意音频的质量等。

练　习　题

一、单项选择题

1．下列属于Photoshop软件专用文件格式的是（　　）。

A．BMP　　B．JPG　　C．JPEG　　D．PSD

2．下列不属于音频文件格式的是（　　）。

A．WAV　　B．MIDI　　C．HTM　　D．MP3

3．下列不属于视频文件格式的是（　　）。

A．AVI　　B．MPEG　　C．RAM　　D．BMP

4．网页上对于颜色数远大于256色的图片最好采用的格式是（　　）。

A．BMP　　B．JPG　　C．PCX　　D．GIF

5．专门用于制作二位平面矢量动画的软件是（　　）。

A．Fireworks　　B．Flash　　C．3DS Max　　D．GIF FreeHand

6．下列不属于流媒体文件格式的是（　　）。

A．SWF　　B．AVI　　C．ASF　　D．WMV

7．可以将枯燥的数字形象化，将分散的内容整体化，将平面的文字立体化的图片类型是（　　）。

A．照片　　B．图示　　C．漫画　　D．贺卡

8．下列图像格式支持背景透明功能的是（　　）。

A．BMP　　B．JPG　　C．PCX　　D．GIF

9．下列图像格式不能在网页上应用的是（　　）。

A．PNG　　B．JPG　　C．GIF　　D．PSD

10．可以收集网络视频的途径是（　　）。

A．搜索引擎　　B．网站的视频频道

C．专业视频网站　　D．以上都可以

二、简答题

1. 图片文件的格式有哪些？各有什么特点？
2. 如何收集网络图片、网络动画及网络音视频文件？
3. 网页中使用图像时需要遵守哪些原则？
4. 简述网络动画文件的格式及特点。
5. 音频文件的格式有哪些？各有什么特点？
6. 目前网页中常用的视频文件格式有哪些？
7. 简述音视频文件的作用。
8. 简述网络音视频的编辑原则。

任务5　采集网络原创内容

任务提出

小李在担任了一段时间的网络编辑工作后，被调去负责记者的工作。第一天的任务就是在规定的截稿时间内，自行采写一则消息。

任务分析

本次任务主要是了解各种网络原创内容的形式，并能像传统媒体的记者一样，进行新闻的采访和写作。具体来说，本次任务涉及如下内容：

1）网络原创内容的形式。网络媒体除了转载传统媒体的文稿资料外，还需要有自己的原创内容，这就要求小李了解网络原创内容的表现形式，以便为采集和写作网络稿件打下基础。

2）实施采访。网络媒体的采访方式有很多种，他们各有特点。这就要求小李在了解各种采访方式特点的基础上，掌握各种采访方式的操作要点。

3）撰写消息。原创内容对于一个网站的作用不言而喻，小李需要具备采写原创新闻的能力，掌握消息标题、消息头、导语、主体、背景、结尾的写作要求。

任务分解

为了完成以上内容，可以将任务分解成如下3个子任务。

子任务1：了解网络原创内容的形式；

子任务2：掌握采访的常用方法；

子任务3：写作网络稿件。

下面分别对这些任务的目标进行确认，并对任务的实施给予理论和实践上指导。

子任务1　了解网络原创内容的形式

子任务目标

- 了解网络内容原创的形式及特点
- 理解网络内容原创的重要性
- 掌握网络内容原创的方式及要点

1. 网络原创新闻

（1）网络原创新闻的方式

从新闻报道实际操作的角度划分，原创新闻有自采自写新闻和整合新闻两种形式。

1）自采自写新闻是指网络记者自己采访的、自己写作的、独家的、第一手的新闻报道。

案例 5-1：浏览人民网 2009 年 10 月 29 日的一则报道。

海基会董事长江丙坤致谢人民网网友援助台风灾

人民网北京 10 月 29 日电（记者 邓志慧）今天上午，台湾海基会董事长江丙坤率领的海基会新闻交流团一行访问人民日报社。社长张研农会见了江丙坤一行，双方就促进两岸新闻交流进行了沟通。随后，人民日报社总编辑吴恒权宴请了江丙坤一行。

在午宴上，人民日报记者吴亚明代表人民网网友转达了对江丙坤先生此次到访的问候。并提到，人民网网友都非常关注两岸和平发展，也很挂念遭受自然灾害的岛内同胞，人民网还曾就莫拉克台风灾害发出“爱心跨海峡”的倡议，很多网友积极响应。对此，江丙坤先生回应表示非常感谢，并提笔寄语：感谢人民网网友。

（资料来源：人民网 http://tw.people.com.cn/GB/14810/10284088.html）

案例分析：该则新闻是人民网的独家新闻。当今媒体竞争异常激烈，各种媒体上千篇一律的雷同新闻比比皆是，在这种情况下，不少新闻媒体都十分注重写独家新闻。独家新闻也可以说是“人无我有、人弃我取、人浅我深、人平（平庸）我新（有新意）”的新闻。一家媒体新闻报道的水平、质量、实力在很大程度上就取决于刊登独家新闻的数量。

2）整合新闻是指记者通过整合新闻资源，重新编辑加工的新闻报道。这种意义上的原创新闻是网站记者综合和重组其他媒体有关新闻报道和新闻资源，重新编辑改写的新闻。

案例 5-2：浏览新华网 2009 年 10 月 29 日的一则报道。

伊朗 10 月 29 日回应核燃料方案

伊朗议会国家安全和外交政策委员会成员穆罕默德·卡拉米拉德 10 月 28 日说，伊朗定于 29 日就国际原子能机构提出的核燃料方案做出回应。

根据国际原子能机构的提议，伊朗将不自行生产研究用核反应堆所需的纯度更高的浓缩铀，而是转由其他国家生产。伊朗本月早些时候就这一提议与美国、俄罗斯等国代表举行谈判，但尚未正式回应，而与会的西方国家代表已表示支持这一提议。

伊朗学生通讯社 28 日援引卡拉米拉德的话说：“伊朗 29 日将回应这一机构的提议。”

据伊朗迈赫尔通讯社 28 日报道，伊朗驻国际原子能机构代表阿里·阿斯加尔·苏丹尼耶 29 日将与国际原子能机构总干事穆罕默德·巴拉迪会晤并递交对提议的回应，苏丹尼耶定于 28 日晚些时候抵达国际原子能机构总部所在地维也纳。

不愿公开姓名的消息人士告诉迈赫尔通讯社，伊朗方面将对提议提出修改意见，但同意整个提议的框架。伊朗本次回应将是“最终回应”。

（资料来源：新华网 http://news.xinhuanet.com/world/2009-10/29/content_12352524.htm）

案例分析：该则新闻是新华社记者在综合国外其他媒体（伊朗学生通讯社、伊朗迈赫尔通讯社等）中有关伊朗核燃料方案报道的基础上，重新编辑而成的。

在目前网络媒体采访权仍受到限制的情况下，充分利用传统媒体或网上信息库所提供的海量信息资源，通过筛选整合、二次加工、深度开发等编辑手法，使其在量的方面达到信息含量增加，在质的方面达到新闻价值提升，这种资源重组的网络新闻不失为一条现实而快捷的办法。

（2）网络原创新闻的特点

1）超文本链接。超文本与传统新闻文本相比，主要的差别在于传统文本是以线性方式组织的，而超文本则是以非线性方式组织的。非线性组织方式能够把信息网络编织得更加紧密，使各类信息内容能够天衣无缝地融为一体。

2）时效性。网络新闻传播没有截稿时间，网站所发布的信息是即时的，且不受时间整点的限制，即所谓“全天候”的发稿方式。他绝大多数是以分钟为单位来更新的，随时上网随时提取有用的即时信息。

3）多媒体。网络媒体能够同时以视频、音频、文字、动画、游戏、论坛的形式，从多角度向人们描述一个新闻事件，所以，利用多媒体的手段成为网络媒体进行新闻报道的一个重要发展方向。

4）互动性。网络媒体作为新媒体的代表，互动性一直被认为是其最主要的特征，在网络上，可谓“传者即受者，受者即传者”。如一年一度的“两会”报道，体现了网络新闻的互动性，在“两会”期间，一些大型新闻网站如新浪、雅虎中文、搜狐、网易等都纷纷开辟了各种论坛，让受众直接参加“两会”。这样由受众被动地接受到主动参与，极大地激发了网民的主人翁意识。

2. 网络原创文学

（1）网络原创文学的概念

伴随着互联网的发展和普及，文学的大家族里产生出了网络文学这种新型的文学形态，他是继口头文学和书面文学之后的新的文学形态。

广义的网络文学是指所有在互联网上传播的文学作品，他不仅包括了网络原创文学，也涵盖了从传统印刷文学形式转化而来的电子作品。

狭义的网络文学是指在互联网上首发的原创文学，这种意义上的网络文学的整个生产流程（写作、发布、传播、反馈）都是在互联网上进行的。可以说，网络原创文学在创作模式、传播方式、反馈机制等方面都是对传统文学的变革。所以，狭义的网络文学就是我们所说的网络原创文学。

网络原创文学发展迅速，图5-1所示的是文学网站排名，从中可以看出目前比较知名的网络文学网站的一些情况。

本周排名	排名变化	名称	用户覆盖数	一周变化	用户日均访问页面	一周变化	访问量指数	一周变化	图表	Alexa	访问
1	↑1	新浪文学	1725	+53%	13	→	23977	+53%			
2	↓1	起点中文网	1470	+24%	19.5	+72%	28665	+131%			
3	↑5	言情小说吧	330	+127%	22.9	-6%	7556	+117%			
4	↑3	QQ文学	280	+71%	9	→	2715	+71%			
5	↑5	红袖添香	240	+110%	12	+18%	2880	+171%			
6	↓2	晋江原创网	225	-9%	17.7	-16%	3982	-16%			
7	↓2	烟雨红尘	220	-17%	18.4	+4%	4047	+1944%			
8	↓2	小说阅读网	211	-3%	27.2	→	5739	-7%			
9	↓6	逐浪文学	188	-29%	8.2	+160%	1541	+66%			
10	↑2	潇湘书院	167	+130%	34	+60%	5678	+279%			

图 5-1　艾瑞文学网站排名

（资料来源：艾瑞网络媒体精品推荐 http://www.iwebchoice.com/Html/Class_65.shtml）

（2）网络原创文学的特点

1）创作主体的平民性。传统文学一直被少数“精英”所垄断，文学离大众化的要求一直相去甚远。自从出现网络文学后，文学才真正进入寻常百姓家。如今各种文学网站已经省去现实生活中诸多编审的环节，可以让写作者自由上传发表。所以，网络文学又称为“平民文学”。

2）创作方式的多样性。传统文学的创作方法不外乎现实主义与浪漫主义两种；而网络文学创作方法多种多样，不拘一格，有问答式的，有提问式的，甚至出现许多过去不成文章的文章，但点击率却极高，吸引了广大读者的眼球。所以，有人将网络文学称为“涂鸦文学”。

3）创作主客体的互动性。传统文学作品一经发表，读者就不能表达自己的意见；而网络文学却不同，他是作者与读者的互动过程，作品一贴上来，马上就有人跟帖，文章好坏、质量高低马上有评判。甚至读者可以直接参与作品的创作，改变作品的主题思想、情节结构、人物命运和故事结局等。

4）传播途径的快捷性。传统文学作品的出版过程，要经历审稿、改稿、录入、校对、印刷、发行等一连串繁琐的环节；而网络文学的出版过程则大大简化了，甚至读者也可参与到创作过程中来。

相关知识

1. 网络原创信息的概念

网络原创信息是指并非转载传统媒体或其他网络媒体的信息。一个媒体网站如果仅仅是进行信息的搬运工作，不可能占据网络之战的制高点。随着国内网络媒体的采访权限制逐渐的放开，网络信息原创更是包括了采、写、评的全过程。

2. 网络原创信息的重要性

具体地说，网络信息原创对于网站来说具有如下意义：

1）原创性信息有助于打造网站的品牌影响力。媒体为影响力经济，可以说品牌即影响力，品牌影响力对于网站来说是一种资源与力量的整合。而品牌的价值，在于他的与众不同，在于不断创新。所以，原创性信息是提升媒体品牌影响力的最有效的途径之一。

2）原创性信息有助于吸引和稳定用户。用户需要的是有价值的信息，他们对于千篇一律的没有实际内容的网页并无兴趣，唯有持续不断的原创内容才能够促使用户访问网站。优秀丰富的原创内容不仅能培养忠诚的用户群体，用户群体的增大反过来还会使原创内容作者受到鼓励，进一步生产更多更丰富的原创内容，这将使网站进入一个良性的循环。

3）原创性信息有助于网站从众多竞争对手中脱颖而出。人们往往会用“人无我有，人有我优”这句话来概括核心竞争力的要义。目前，网络媒体竞争激烈，相互抄袭、转载拼凑的现象非常普遍。没有原创性信息，何谈“人无我有，人有我优”，更不用说建立核心竞争力了。

举一反三

1）观察各大新闻网站（或门户网站）上发布的新闻，分析哪些是原创新闻，哪些是从传统媒体转载的新闻，哪些是网络编辑收集各种信息整合而成的新闻。

2）浏览一些原创文学网站，了解网络原创文学的特点，尝试总结一下网络原创文学和传统文学的不同。

3）比较各大博客网站，体会网络原创信息的重要性。

子任务2 掌握采访的常用方法

子任务目标

- 了解各种主要采访方法的特点
- 掌握各种采访方法的操作要点

1. 实地采访

实地采访，也称面对面采访，是指记者直接与采访对象进行面对面的交流，或者通过亲临现场的调查、访问和观察而获得的能够形成新闻稿件的新闻素材。

（1）实地采访的特点

实地采访是记者亲临现场，面对面地和采访对象打交道，这样有力的保证了新闻报道的真实性。采访活动是新闻报道的第一个环节，如果这个环节出现问题，后面的一切活动都会失去意义。因此，实地采访的重要性需要得到广大记者的充分重视。

1）要确有其事，这是针对假新闻泛滥而言的，因为很多假新闻是无中生有、凭空捏造。

2）保证构成新闻的基本要素准确无误。

3）新闻中引用的数字、史料等背景资料准确无误。

4）新闻所反映事实的环境、条件、过程、细节、人物的语言、动作真实。

5）尊重当事人所述事实，真实反映当事人的思想活动和心理活动。

（2）实地采访的操作要点

采访是记者和采访对象之间的人际沟通，其实质是一种心理互动。如果记者能和采访对象之间建立良好的心理互动，那么自然会取得较好的采访效果。所以，如何提问成为了新闻采访初学者的第一项修炼。善于提问是一个记者成熟的标志，是其采访水平高低的体现。

提问方法对于实地采访至关重要，基本的提问方法主要有：

1）正面提问，又称直接提问法、开门见山法、单刀直入法。他是一种基本的提问类型，这种提问方式可以使双方的谈话在很短的时间内切入正题，无须拐弯抹角，在讲明采访目的和要求以后，直截了当地提出问题请采访对象做出回答。

2）侧面提问，又称迂回提问法、旁敲侧击法。当实际采访中遇到有些问题不便直截了当提出时，记者可以先从侧面入手，提些表面上似乎与访问无关的问题，然后慢慢引入话题。

3）设问法。记者对采访对象、采访事件进行合乎规律、合乎常理的预测、假设、推断，然后提出一些假设性问题，或者明知故问，使对方放松警惕，进而获得采访对象对事物的真实想法。这种方法是一种投石问路、抛砖引玉的试探性的提问方法。

4）追问法，即打破沙锅问到底，抓住采访对象谈话中的线索追下去，直到得到自己满意的答案为止。指记者把握事物的矛盾法则，抓住重点，循着某种思路、某种逻辑，连珠炮式的提问。调查性报道中常用这种提问方式，把问题搞得水落石出。

5）激问法，又称激将法，即提出比较尖锐的问题，激烈发问，适当刺激对方，切中其要害，引起采访对象的重视，甚至会使采访对象迫不及待地澄清事实。

2. 电话采访

电话采访是指记者借助电话，与采访对象交谈，从而获得所需新闻素材的一种新闻采访方式。随着新闻传播事业和传播技术的飞速发展，电话采访已经成为记者常用的采访方式之一。

（1）电话采访的优缺点

1）电话采访的优点：①方便、快捷，可以发挥新闻的时效性，突破采访的空间限制，节省大量时间、人力和采访经费；②对于突发性事件的采访，电话采访具有其他采访形式不可替代的作用；③一般来说，电话采访容易获取独家新闻。

2）电话采访的缺点：①有时会出现采访不实、道听途说的错误；②电话采访的拒访率高，有些采访对象不会轻易接受电话采访；③受条件限制，记者把握整个采访过程

的能力没有实地采访强。

（2）电话采访的操作要点

1）采访前准备，拟出要提的问题。电话采访往往时间比较紧迫，回旋余地少，记者很难见机行事，所以，采访中力求提问简明扼要，以便对方理解和答复。因此，电话采访要事先准备有关采访对象的书面资料，并写出待问的问题。

2）采访中边听边记。电话采访的特点是转瞬即逝，不容你反复推敲，所以，要边听边记，养成随时记录的习惯。如果要录音，应首先争取采访对象的同意。

3）采访后核实。电话采访最大的弊端就是误差较大，这种误差，有时是采访对象刻意放大或缩小所致，有时是记者主观上的耳误所致。所以，在形成第一手的采访资料后，一定要再进行核实，尤其是涉及人名、地名、数据、时间、专业名词等，以保证资料准确无误。

4）注意一些细节的问题。在进行电话采访时，要讲究礼貌，及时说出自己的身份、姓名和单位；确定采访对象是否方便接听，是否有时间通话，并说明采访的重要性和必要性；注意语言措辞是否切合身份，不能太过随便，也不可太生硬；适时结束通话，通话时间过长是浪费对方的时间。

电话采访经常在重大事件、突发事件、热点话题、咨询专家、澄清事实等情况下使用。哪些情况适合用电话采访，要靠记者在工作中积累经验，灵活掌握。

以下是西安交通大学腾飞交大网的记者对疑似甲流同学的电话采访。

腾飞记者：同学你好，我是腾飞工作室的记者。

同学：你好。

腾飞记者：我想问你几个问题。首先就是当你知道自己被隔离的时候，你心里是怎么想的？

同学：你先听我说，因为一开始是我和他两个人自发做了检查，检查完后，我是没事了，被医院放出来了，然后知道我要被隔离了，我的第一感觉就是挺无辜的，觉得自己没事。然后当时，张正明院长就跟我说：“你要对自己负责，也要对他人负责。”听了这句话后我觉得，我被隔离是应该的，所以我现在没有觉得什么。

腾飞记者：请问现在病房的环境怎么样呢？

同学：我和我们班的两个同学住在一起，这边一共有四张床，一个饮水机，环境还算不错。

腾飞记者：听上去好像比宿舍还好一点。

同学：这里还能无线上网，所以说环境比宿舍好多了，我们几个住得还挺惬意的。

腾飞记者：那你现在一天的生活是怎样的？

同学：只能呆在病房里面，不能出去，等着送饭吃。一般的话也只能看看书、打打游戏之类。

……

（资料来源：腾飞交大网 http://tengfei.org.cn/ecms/xinwenzhongxin/xiaoneizonghe/2009-09-03/246.html）

3. 电子邮件采访

（1）电子邮件采访的优缺点

1）电子邮件采访的优点：①通过电子邮件采访得到的信息和思想是成熟思考的结果；②邮件合并功能可使针对同一内容的采访信件对不同的采访对象分别进行采访；③电子邮件具备附件功能，既可以发送文字信息，又可以发送图片、声音等多媒体文件；④电子邮件提供的文字是实实在在存在的，可以防止因错误引用而引起的麻烦甚至诉讼。

2）电子邮件采访的缺点：①电子邮件的回收率低；②电子邮件采访不如传统采访那样透明和可靠；③电子邮件培养了记者的懒惰和使用不可靠的信息来源。

（2）电子邮件采访的操作要点

1）要有一个好的标题，在标题中清楚地标明采访主旨，吸引采访对象点击阅读。如果没有标题或者标题只是简单的寒暄，很可能被对方当作垃圾邮件删除。

2）在提出问题之前，首先对自己和所在媒体单位进行简短的介绍，表达采访意愿，说明采访原因，使对方了解采访的重要性以及对他个人或者公司的影响，引导对方接受你的采访，并做出回复。

3）问题要简明扼要，直接切入主题。多从背景资料上得到信息，不要重复提问，重点提问他本人回答的问题。

4. 其他采访形式

（1）即时通讯工具采访

常用的即时通讯方式包括 QQ、MSN、ICQ 等。即时通讯工具独有的互动性和私密性，会使记者的采访过程变成轻松的聊天，可以深入地探讨一些问题，如情感类的问题就比较适合采用这种方式采访。

记者要通过谈话的综合信息来把握对方的真诚度，更要注意，采访过后应及时整理采访资料，并对其真实性作进一步的核实。

（2）论坛和聊天室采访

目前很多论坛和聊天室经常邀请一些嘉宾和网友就各方面的问题进行交流。在这个过程中，记者充当主要的提问人，网民提的问题，也由记者筛选后再转提。或者记者只是记录交流过程，而对网民与嘉宾的交流不做任何干预。同时，记者作为众多的网民中的一员，也可通过主动、积极的参与来获得自己需要的信息。

（3）博客采访

近些年来，无论名人还是草根纷纷在网上开设了自己的博客。博客主页是博主的个人空间，博主不仅可以表达自己，而且还可以经常关注访客的留言。采访对象的博客空间也为记者提供了很多有用的信息，因此，通过博客留言联系采访博主，就变成了一个可行的采访渠道。

相关知识

实施采访的注意事项

（1）如何准备

国外新闻界曾有一个很流行的采访准备公式，即每采访十分钟要做一个小时的准备工作。充分的准备是必要的，准备与采访相当于地基与建筑，是支持所有采访的基本活动。

（2）如何规划

如何规划包括如何找到采访对象？你想要了解哪些内容？你要问哪些问题？你采用面对面的形式进行采访还是电话采访？

（3）如何研究

要研究什么需要根据你的采访主题而定。如果你的主题是一般性的，如物价上涨对普通居民有何影响，或是如何引导大学生成长成才等，对于这些主题，你就要研究一下，找出愿意发言的专家。如果你的主题已经很明确，如采访一位领导或者一个体育明星、影视明星，你就需要多找一些关于他们的资料。

（4）要问什么

准备问题包括设问题、修改问题和问问题。采访之前要准备多少问题呢？答案是能提多少问题就提多少问题，多准备一些是最安全的。

（5）如何穿戴

在采访之前，你要检查每件东西，如笔记本、名片、笔、录音设备、手机、采访对象的地址及电话号码等。所谓物以类聚，人以群分，人们喜欢跟同类人轻松交谈。基于此，采访政治人物或商业人士多半要穿西服套装。如果你不清楚你的采访对象会穿什么，最安全的穿法就是依你代表的媒体的形象来穿戴。

举一反三

1）通过网络搜集几个经典的采访案例，说说你从中得到了哪些启示？

2）确定主题，对你身边的人（可以是你的老师、同学、家人或领导）进行一次采访。

3）总结你在进行采访时，需要注意哪些问题？

子任务3　写作网络稿件

子任务目标

- 了解消息的结构及写作要求
- 了解网络稿件的语言要求
- 掌握消息的写作技巧

1. 了解消息的结构

消息的结构分为外部结构和内部结构。消息的外部结构，即消息的外部形态、整体结构，主要有倒金字塔和正金字塔两种结构。

倒金字塔结构是消息写作最常用的结构形式。顾名思义，倒金字塔结构就是把重头戏放在开头第一段，他以事实的重要性程度或受众关心程度依次递减的次序，先主后次地安排消息中的各项事实内容。

正金字塔结构一般按事物自身发生发展的时间顺序安排层次，先发生的事在前，后发生的事在后。这种结构方式常常是将最重要的事实放在最后，因此，又叫悬念式结构。

消息的内部结构，一般由标题、消息头、导语、主体、背景、结尾6部分组成。

（1）消息标题

消息的传播效果如何，很大程度上取决于消息标题大小是否醒目、标题思想是否重要鲜明、标题语言是否生动引人等。消息标题的类型主要有多行标题、双行标题、单行标题三种。

1）多行标题由引题（眉题）、正题、副题组成。他所包含的信息容量大，宣称声势大。具有重大新闻价值的消息，往往会采用多行标题的形式，如《经济日报》2009年10月28日一则新闻的标题：

中国红十字会第九次全国会员代表大会开幕（引题）

胡锦涛出席开幕式并为南丁格尔奖章中国获奖者颁奖（正题）

温家宝李长春习近平李克强出席开幕式 （副题）

引题（眉题）是用来交代背景、渲染气氛、说明原因，解释意义、引出正题的。他的字号小于正题。引题可以是虚题，也可以是实题，且不是消息必备的标题。

正题是指新闻报道中多行标题的中心标题。他用于概括一则消息的中心思想或主要事实，是消息内容的精华之所在。其字号最大、占据空间最大，且是消息必备的标题。

副题又称辅题、子题。他有对正题的内容予以补充、说明、印证、注释的作用。其字号也小于正题，且不是消息必备的标题。

2）双行标题分两种，即一正一副或一引一正，如《人民日报》2009年10月30日一则新闻的标题：

北京最近一周甲感上升近六成（正题）

上海当前47%流感是甲感 （副题）

又如《经济日报》2009年10月31日一则新闻的标题：

习近平在中央学习实践活动领导小组第十二次会议上强调 （引题）

落实领导责任 加强督促检查确保分析检查阶段任务落实 （正题）

3）单行标题是最常见的一种标题，如以下两则标题：

创业板 成长与风险共存

努力保持国内消费市场持续旺销态势

（2）消息头

消息头，也成“电头”。消息头是新闻单位在发表新闻稿时，对消息来源的简要交代。他在新闻正文之前或文尾以特定方式注明供稿源、发稿的时间和地点。他的形式主要有“讯”与“电”两大类。

“讯”是指记者通过邮寄或书面递交向本媒体单位传递的新闻报道。如果是记者或者通讯员为新闻单位写稿，一般冠以“本报讯”三字，如果消息是从外部寄回来的，还应标明发布新闻的时间和地点，如“本报上海讯（记者吴红林）26日上午”。

“电”主要是指记者通过电报、电话、传真、电传、电子邮件等形式向媒体传递新闻报道，如“本报阿什哈巴德12月13日电”。另外，媒体转发其他报刊或电台、电视台、通讯社的消息，通常冠以“本报讯据××报（××台，××社）报道”，以示消息来源和版权所属该报（台、社）所有。对于所转发的报道，本媒体无权任意增补修改，但可以删节或摘编，这也是有效补充本媒体采编报道的方式。消息头的作用主要体现在：

1）表明新闻来源，受众会根据不同消息来源判断该消息的真实性和权威性。

2）表明独家新闻，版权所有。

3）区分消息与其他文体，澄清评价标准。

4）消息头与新闻单位和记者声誉紧密相连。消息头被誉为新闻发布单位的信誉卡，他迫使新闻单位必须认真对待每一条新闻，力求客观、详实、新鲜和生动。

（3）消息导语

导语是消息开头用来提示新闻要点与精华、发挥导读作用的段落。按表达方式不同，消息导语可以划分为叙述式导语、描述式导语、提问式导语、引用式导语、橱窗式导语五种。

1）叙述式导语是指用直接叙述的方法，把新闻中最重要、最新鲜、最生动的事实简明扼要地写出来。这类导语朴实具体，是比较常见的写法。

如新华网一则消息的导语“新华网北京11月1日电（记者王思海）北京市根据社会需求，将扩大甲型H1N1流感疫苗接种人群。高校大学生本月内可以免费进行甲型流感疫苗接种。”

2）描述式导语对新闻事实所处的空间特征、时间特征以及某个细节问题加以简要描述，可以给受众造成一种亲临现场的生动感。

如国际在线一则消息的导语“国际在线消息（记者原丁）：1979年11月4号，激进的伊朗学生占领美国驻伊朗使馆，将50余名美国人扣为人质达400多天。此后每年的11月4号伊朗官方都会组织大型的反美集会，纪念伊朗学生占领美国驻伊朗使馆，集会的地点一般都是在前美国驻伊朗大使馆门前口，也就是塔列甘尼大街，今年也不例外。”

3）提问式导语是先提出问题，引人思考，再写出新闻事件的主要事实。提问的目的在于激发受众的好奇心和求知欲，引导他们阅读全文。提问式导语常用在抓问题、谈经验的新闻。

如新华网一则消息的导语“日前有媒体曝光了中国五矿下属两铁矿‘非法排尾’问题，引起各方关注，但有关方面却对此予以否认。为此，新华社‘新华视点’记者近日到河北省邯郸市下属的武安市，对五矿邯邢冶金矿山管理局所属的北洺河铁矿和玉石洼铁矿排放问题进行了跟踪调查。究竟是‘复垦造地’还是‘非法排尾’？请看记者调查的事实。”

4）引用式导语援引文件或报道人物谈话的部分内容，把最重要的意思加以突出。要注意的是，做引的话要在一定程度上反映报道的中心思想。引用式导语多用于谈话报道或某些公报式新闻。

如中国新闻网一则消息的导语“中新社北京十一月五日电（记者 张蔚然 叶富铭）中国外交部发言人马朝旭五日在例行记者会上表示，在温室气体减排问题上，发展中国家的减缓行动与发达国家的量化减排义务有本质区别，发达国家应率先大幅量化减排。中国政府已经采取了积极的应对措施，做出了重要贡献。”

5）橱窗式导语，顾名思义，有如橱窗展示商品一样，橱窗式导语由典型事例构成。他多用于综合性新闻，其特点在于不是靠叙述、描写、提问、引用，而是靠讲故事吸引受众。写入导语的故事具有代表性，通过剖析这个典型事例，受众可以了解新闻事件的细微部分，获得具体印象，受到感染，并为之感动，从而产生兴趣，进而由感性认识转入理性思考。

如“萨莫亚阿庇亚3月30日电 南太平洋沿岸有史以来最猛烈，破坏性最大的风暴，于3月16日、17日横扫萨莫亚群岛。结果，有6条战舰和10条其他船只要么被掀到港口附近的珊瑚礁上摔得粉碎，要么被掀到阿庇亚小城的海滩上搁浅。与此同时，美国和德国的143名海军官兵有的葬身珊瑚礁上，有的则在远离家乡万里之外的无名墓地上，为自己找到了永远安息的场所。”

（4）消息的主体

消息导语之后，结尾之前的部分称为主体，也有人称为躯干、正文。他包含的内容比导语丰满、详尽、充实，篇幅要比导语长。正所谓导语要求精彩，主体要求丰满。消息主体的作用主要体现在：

1）具体展开导语中交代的主要事实。导语为了简明扼要，往往省略一些新闻要素。要想阐明新闻事件的全貌，还必须在导语之后，通过消息主体对新闻事件展开导语中尚

未出现的新闻要素，展开导语中高度概况的事实。

2）补充导语中尚未揭示的事实。一条消息往往要涉及若干个事实，有新闻事实和非新闻事实，新闻事实里又有第一重要新闻事实、第二重要新闻事实、第三重要新闻事实等。要使消息完整深刻地揭示主题或给受众提供更多的信息，就要靠主体部分去完成。因此，消息的主体部分承担了补充导语的任务，即补充导语中没有提到的其他新鲜的材料。

3）回答导语提出的问题。一则合格的消息，应能解释疑惑，清楚地回答网民渴望了解的问题。这个任务当然由主体部分来承担，交代新闻事件的来龙去脉、前因后果，使网民对新闻事件有一个具体的了解和整体的印象。

案例 5-3：分析中国新闻网 2009 年 11 月 4 日一则消息主体的特点

香港迪士尼“无钱可赚”　上海是否要走老路?

中新网 11 月 4 日电（秦欣）迪士尼落户上海的传闻今日尘埃落地，上海官方宣布有关项目已获国家批准。而与香港迪士尼发展模式、竞争关系也成坊间关注的焦点。

香港迪士尼加紧扩建　“求新求变”因应内地客

香港迪士尼乐园扩建计划在拉锯两年后在今年 7 月时尘埃落定：华特迪士尼将注资 64 亿港元扩建，增设 3 个新园区，包括全球独有的“野矿山谷”和“迷离庄园”，以及亚洲独一无二的“反斗奇兵历奇地带”，预计 2014 年完工。扩建后的香港迪士尼乐园面积将会增加四分之一，主题园区将由 4 个增至 7 个，其中“野矿山谷”会设计成荒废的淘金小镇，以机动游戏为主，而“迷离庄园”则会以热带雨林里的大宅作为背景。香港迪士尼相关负责人表示，这两个主题区在启用后 5 年内属全球独有。

有数据显示，迪士尼乐园开园至今，已接待过 1400 万人，为港带来 100 多亿港元的实际经济效益。

内地客对香港旅游业的作用是不言而喻的，香港迪士尼乐园行政总裁金民豪在看好内地市场时就曾指出，“中国的消费者是全世界最幸福的消费者，他们有很多选择，中国游客同样也是全世界最幸福的游客。”为了服务好“全世界最幸福的游客”，香港的迪士尼乐园采用三文（英文、繁体字、简体字）三语（英语、粤语、普通话），亦配合春节等中国传统节日设置内地游客喜爱的项目，因应他们“求新”、“求变”的心理。

但另一方面，自 2005 年开业至今，香港迪士尼几乎天天爆满，但却一直呈现表面热闹账面亏损的“旺丁不旺财”局面，至于亏损额为多少，则无从得知。

上海是否借鉴香港经验避免“无钱可赚”尴尬

此前，香港对上海迪士尼项目的关注大致可分为三个时间点，一是今年年初，因为美国沃尔特迪士尼公司 1 月 9 日发表声明，正式承认与上海市政府签订关于迪士尼项目的框架协议；二是今年年中，因为特区政府 6 月 30 日宣布与沃尔特迪斯尼达成协议，香港迪士尼乐园将增建 3 个主题园区；三是近几日盛传上海将宣布落实兴建迪士尼。

《香港商报》3 日以《香港尴尬上海可为鉴》为题报道说，上海迪士尼项目箭在弦上，但香港迪士尼“旺丁不旺财”的尴尬却值得上海方面好好研究。

报道引述香港中文大学财务系副教授苏伟文的话说，美国迪士尼公司所收取的高额特许费被当作经营性开支，正是香港迪士尼项目亏损的根本原因。首先，游客在香港迪士尼的消费中门票仅占 50%，另一半是用于购买纪念品和餐饮，门票占总收入比例大大低于其他迪士尼乐园。根据过去与迪士尼公司的协议，特区政府能分成的是基于门票收益部分。在扣除迪士尼公司的特许费后，香港迪士尼连年赤字，更无从谈给股东分红。其次，迪士尼公司其他的附属经营项目，如迪士尼酒店、收费的迪斯尼频道等当时作为一揽子项目引进，而这部分利润也与特区政府无关。

苏伟文认为，香港过去从香港迪士尼乐园项目上“无钱可赚”的尴尬值得上海引以为戒。上海引进迪士尼项目的时候，要看大局，也要追求细节，避免陷入香港迪士尼的困局。

如何保证公众利益需公开讨论

《新京报》今日的一篇文章也指出，目前应有三个问题进行公开讨论。首先是政府的投入需要公开讨论。据媒体披露，上海迪士尼总投资 244.8 亿元，美国迪士尼公司将持有上海迪士尼乐园 43%的股份，上海市政府所有的一家合资控股企业则将持有 57%股权。显而易见，要想让公众支持政府投资迪士尼，不能只由政府官员来决策财政投入，需要公开相关信息，让公众充分表达意见，以保障公众的知情权和监督权。

其次，上海迪士尼能否赢利让人担心。有专家预言，一旦上海迪士尼建成，将带动总计上万亿的 GDP 总值。但香港和欧洲迪士尼不能说成功，美国文化已经过了高峰期，80 岁的米老鼠赚钱的本事跟当年已经没法比了。对上海迪士尼的前景，目前只是个别专家在预言，并没有看到政府的赢利计划。笔者以为，上海方面应详细公开上海迪士尼的赢利计划，包括赢利方式、赢利步骤以及目标等，以便给公众吃一颗定心丸。

再者，如何保证公众利益需要公开讨论。既然上海迪士尼是一个政府投资项目，公众自然关心投资回报了，因此，政府首先要让纳税人知道政府如何保障自己的利益。据媒体报道，由于香港迪士尼乐园运营情况不透明而遭到议员批评，上海迪士尼运营情况是否透明自然而然也广受关注。

文章在最后指出，上海迪士尼需要公开相关信息，让公众参与讨论，让上海迪士尼在推销美国文化、“米老鼠”的同时，还应该成为国有控股旅游业的一个发展标本。

（资料来源：中国新闻网 http://www.chinanews.com.cn/）

案例分析：这则消息的标题采用提问式“香港迪士尼‘无钱可赚’ 上海是否要走老路？”无疑吸引了读者的眼球，激起想要了解个究竟的欲望。紧接着，消息主体用三个小标题对这一问题进行了回答、深化和补充。其中，第一个小标题“香港迪士尼加紧扩建 ‘求新求变’因应内地客”，描述了内地游客对香港迪士尼的影响，以及

其表面热闹账面亏损的局面，这些很明显是承接标题“无钱可赚”来说的；第二个小标题“上海是否借鉴香港经验避免‘无钱可赚’尴尬”，指出第一个标题所讲的香港困局的根本原因，以及其对上海的借鉴意义；因为上海迪士尼是一个政府投资项目，所以第三个小标题“如何保证公众利益需公开讨论”把整个项目落脚在公众身上。援引《新京报》的一篇文章，用简单的几句话给相关部门敲响了警钟，同时把公众参与提上了议程，并展示了作者对这一问题的看法和态度。这样的消息主体的写作安排，不仅紧扣消息标题，还使得读者对上海迪士尼的情况以及存在的问题有了大致的了解。

（5）消息的背景

消息背景，即指新闻事实之外，对新闻事实或新闻事件的某一部分进行解释、补充、烘托的材料。简言之，是对新闻人物和事件起作用的历史情况或现实环境。消息背景的作用主要有：

1）说明、解释，令消息通俗易懂。

2）运用背景材料揭示事物的意义，唤起社会关注。

3）用背景进行对比衬托，突出事物特点、显示变化程度。

4）用背景语言加以暗示，表达某种不便名言的观点。

5）借背景为新闻注入知识性、趣味性内涵，使其更可读。

6）用背景材料介绍新闻中的人物，满足受众好奇心、阐释人物行为的合理性。

7）累加同类事实，开阔受众视野。

案例 5-4：分析中国新闻网 2009 年 11 月 5 日一则消息结尾的特点

湖北通报大学生救人溺亡事件初步调查结果

中新网 11 月 5 日电 湖北荆州市 10 月 31 日成立关于“10 · 24”长江大学学生救人事发现场联合调查组，向事发现场目击者、当天参与救人的学生、长江大学老师，以及捞尸船船主进行了调查，联合调查组组长今日接受中央电视台采访时介绍，目前调查已经有了初步结果。

据介绍，打捞工作是由一家名为荆州市八凌打捞服务有限公司进行的，该公司 2008 年 6 月注册，是荆州市唯一的打捞公司，经营范围主要是沉船和沉物的打捞。通过调查，实施现场打捞的渔船是打捞公司临时雇请的两只船只，此次捞尸收费 3 万 6 千元。该公司以前也在该区域从事尸体打捞工作，关于以前的打捞尸体收费正在调查。

调查表明，在接到报警后，当地消防、海事等相关部门做出了及时的反应，救援人员在 8～10 分钟赶到了事发现场，由熟悉水性的消防战士多次下水进行救捞，但没有搜救到落水失踪人员。

据介绍，学生是在清点人数发现有三名同学失踪后才报警的。由现场学生拍摄的现场照片的时间，现场群众报警的时间，以及公安部门接出警的时间综合分析，消防人员赶到事故现场时，学生已经沉入江中十余分钟，客观上失去了最佳施救时间。而且当地水域水情复杂，导致了救援没有取得效果。

10月24日，为救两名落水少年，湖北长江大学10多名大学生手拉手扑进江中营救，两名少年获救，而陈及时、方招、何东旭3名学生不幸被江水吞没，英勇献身。27日，湖北省委高校工委、省教育厅追授3人“舍己救人英雄大学生”称号。

（资料来源：中国新闻网 http://www.chinanews.com.cn/）

案例分析：由于距长江大学学生救人事件已过十日之久，所以该则消息在末尾注释性的提供了长江大学学生救人事件的背景材料，以便不知情的读者对该事件有个大致的了解。进而再叙述联合调查组的初步调查结果。其实，这则消息的导语、主体部分都插入了一些背景材料。可以说，整篇消息都是靠背景材料来支撑的。

（6）消息结尾

消息的结尾，就是消息的主体部分已经将新闻事实交代清楚，有的需要记者对新闻事实的整体和阐明的主题做一个小结的工作。结尾对消息来说也是很重要的，由于结尾是最后进入受众眼帘的，所以，受众阅读后会对结尾部分的印象十分深刻。常见的消息结尾方式主要有：

1）首尾关照，巧妙呼应。

2）稍加议论，画龙点睛。

3）自然抒情，水到渠成。

案例 5-5：分析以下二则消息的结尾方式

消息 1：新华网 2009 年 11 月 9 日的一则消息

中非合作之树根茂实遂

世人瞩目的中非合作论坛第四届部长级会议8日在埃及沙姆沙伊赫举行。中国国务院总理温家宝在会议开幕式上发表了题为《全面推进中非新型战略伙伴关系》的重要讲话，无论对中非合作历程的回顾，还是对未来的承诺与展望，字字包含真情，句句铿锵有力，与会场经久不息的热烈掌声一起，在红海之滨回荡。走过了9个春秋的中非合作论坛再塑历史，中非合作翻开崭新而充满希望的一页。

温总理在讲话中提出了全面推进中非合作的8项举措，这是双方的诉求，也是双方的宏愿。

中非合作进入本世纪、特别是2006年中非合作论坛北京峰会以来，取得了长足发展。中国政府在北京峰会上宣布的中非援助合作举措到今年年底都将落实。中非领导人确立的中非“政治上平等互信、经济上合作共赢、文化上交流互鉴”的新型战略伙伴关系得到了巩固和发展。

3年来，双方在国际事务中的相互支持和配合进一步加强，贸易额在2008年达到1068亿美元，提前两年实现1000亿美元目标。与此同时，中方大幅增加对非洲国家的援助，对非免关税举措全部完成，免债工作基本落实；中非发展基金启动并开始运

作；中方援建的非盟会议中心正式开工；在有关非洲国家建设经贸合作区的工作也在积极推进；中国为非洲国家培训各类人员达13 307人次；中国青年志愿者、高级农业技术专家陆续赴非洲工作；援建医院、疟疾防治中心、农业技术示范中心和农村学校工作进展顺利……

中国和非洲虽相距万里，远隔重洋，但双方友好交往源远流长。新中国成立以后，在非洲人民争取民族独立时期，中国坚定地站在非洲人民一边，全力支持非洲各国人民反帝反殖民主义、争取民族独立的正义斗争。而在恢复中国在联合国合法席位、挫败“中国人权状况”反华议案、支持中国加入世贸组织和中国申办奥运会等一系列重大问题上，非洲广大国家给予中国坚定有力的支持。特别是2008年，在中国汶川遭受特大地震灾害后，非洲国家向中国提供了总计6400多万元人民币的捐助，捐助国中包括一些最不发达国家，他们的爱心和支持充分体现了中非兄弟深情。

中非合作是南南合作的重要组成部分。中非合作不断发展，不仅有利于中国和非洲的发展进步，而且有利于促进发展中国家的团结合作，有利于推动建立公正合理的国际政治经济新秩序。中国是最大的发展中国家，非洲是发展中国家最集中的大陆，中国和非洲的人口占世界总人口的三分之一以上。没有中国和非洲的和平与发展，就没有世界真正的和平与发展。

中非合作论坛是中国与非洲友好国家集体对话和务实合作的机制，是中非关系史上的一个创举。9年来，中非合作论坛部长级会议不断为建立在平等互利基础上的中非合作注入生机与活力，使之日益成为中非加深友谊的桥梁和加强合作的平台。

温总理在会议开幕式上提出的8项举措，具体、明确、务实、全面。中非合作有今天的成果，是双方共同努力的结晶，也是未来合作的坚实基础。

中国和非洲都是人类文明的发祥地，都是充满希望的热土。共同的命运、共同的目标把双方紧紧团结在一起。随着中非共同利益的扩大和相互需求在增加，作为好朋友、好伙伴、好兄弟的中国和非洲一定会在合作道路上携手并肩、昂首阔步。中非合作之树也必将根茂而实遂。

消息2：新华网2009年11月8日的一则消息

二十国集团财长会凸显发达国家分歧

二十国集团财长和央行行长会议7日在苏格兰古城圣安德鲁斯落下帷幕，本次会议是在全球金融危机爆发后，二十国集团财长和央行行长今年以来召开的第三次会议。会议在探讨当前宏观经济形势、国际金融体系改革和气候变化融资等多方面议题后达成了一些共识，但会议也凸显了西方发达国家在多方面存在的分歧。

实施“退出策略”时机是关键

在这次会议上，占据世界绝大部分经济产值的二十国集团的政策制定者进一步意识到，虽然股指攀升、房价走高、大宗商品期货价格上扬等不断显示全球经济走向复苏的迹象，但目前仍存在诸多不确定因素。

为了使不确定因素得到有效控制，避免全球经济再次陷入衰退，来自发达经济体和新兴经济体的财长和央行行长都一致认为，不能过早出台“退出策略”，直到确保经济已经回到可持续的增长轨道。

英国首相布朗7日也特意赶到会议现场表明自己的坚决立场。他强调指出，近期一系列乐观经济信号“不能被当作提前终止经济刺激计划的理由”，目前各国仍处在应对经济危机的漫漫征途中。他说：“我们需要继续实施一年来使经济企稳向好的政策。”

汇丰银行全球首席经济学家斯蒂芬·金最近在接受新华社记者采访时也表示，美国和英国等发达经济体都面临债台高筑和消费疲软等严峻挑战，目前他们还是“需要特殊药物维持的重症病人”，很难保证在经济刺激措施退出后能实现持续复苏。

（资料来源：新华网 http://www.news.cn/）

案例分析：消息1结尾“中非合作之树也必将根茂而实遂”紧扣标题的“根茂实遂”，首尾通过把中非关系比作茂盛之树而遥相呼应。在强调“中非合作之树根茂实遂”这一中心思想的同时，做到了首尾呼应且整篇文章层次分明，令读者赏心悦目。

消息2对西方发达国家之分歧的议论非常流畅，结尾巧妙地借英国首相布朗和汇丰银行全球首席经济学家斯蒂芬·金之口讲话，叙议兼容。使“议”也更为自然，更有说服力。

2. 了解消息的写作要求

（1）消息标题的写作要求

1）内容要具体。所谓具体，就是首先用事实说话。这些事实主要有什么人、什么事、什么话、什么时候、什么地点、什么原因、什么结果，其中在标题中用的最多、起主导作用的是其中的什么人和什么事，这是每一个消息标题所必须具备的最基本的要素，如标题“10月铁路客货运输状况持续好转”、“第十一届全国运动会在济南闭幕”等。

2）概括要准确。消息标题要准确地表达其内容，标题就是消息内容的浓缩。好的标题，既是消息全文的纲要，提挈全文，又能凝聚全文、表明态度和观点，帮助读者正确理解他、重视他，如标题“创业板正式上市”、“北约高层频访中亚”等。

3）观点要鲜明。消息标题要有鲜明的导向性，鲜明指标题通过对新闻事实的选择、揭示和评价，表现出来的立场和观点要明确，不能模棱两可，含含糊糊。在强调标题鲜明时，还要防止主观片面导致说话过头。标题在某些情况下，也要讲究含蓄，如标题“治国必先治党 治党务必从严”、“必须使经济与社会协调发展”等。

4）表述要生动。消息标题在准确的基础上，应当尽量作得生动形象，有可读性。生动形象，即把原本刻板的东西变活起来。因此，还得借助和掌握多种表现手法和修辞方法，如标题“蓝天筑长城 忠诚写新篇”、“大银行如何服务小农户”等。

5）文字要凝练。凝练，即简洁而无铺张赘言，重点突出，有的放矢，如标题“全民健身热 亮丽风景线”、“拾稻穗 学勤俭”、“网络健身别开生面”等。

（2）消息导语的写作要求

1）反映新闻事实。导语的任务就是开门见山，报告新闻事实、吸引读者。所以，要把最重要、最新鲜的新闻事实放在最前面。

2）突出主体要素，即时间、地点、人物、事件、单位、原因、结果等。

3）炼字炼句，力求简短。西方新闻界用计算机算出导语的理想长度不能超过23个字。我们的导语未作死规定，并较之长些，但有经验的新闻工作者一般会将导语的长度控制在80～100个字。一条导语应该只包含一个思想，此外要使导语变短，还应注意：不能把很多的单位名称、专业术语、人名和头衔一并写进导语；不要把导语写成全篇消息的目录，导语应只写主要的、又能引出全文的事实；导语应少些细节和附属事实。

（3）消息主体的写作要求

1）围绕一个主题选材。消息主体部分涉及内容较多，但选择和运用这些材料时要紧紧围绕导语确立主题，把那些与主体事实无关、对阐明主题无益的材料统统删除。

2）合理安排材料层次。消息主体一般所占篇幅较长，常常由多个自然段构成。写主体容易犯层次杂乱的毛病，因此必须讲究材料层次的安排，可以按重要程度安排材料，即先说什么，后说什么；按事件发展的时间顺序安排材料；按逻辑顺序安排材料，即注意材料之间的因果关系、递进关系、主从关系。

3）力求波澜起伏，防止罗列事实。消息写作应避免平铺直叙，简单罗列事实。为了增强消息的可读性，在展开主题时应力求做到有起有落，曲折跌宕，而且文字表达上要灵活多样。

（4）消息背景的写作要求

1）根据主体的需要选择典型的背景材料。所谓“典型”，就是最有说服力的背景材料，将新闻事实用典型的背景材料来支撑，才会挖掘出其深刻的内涵和底蕴。

2）依据受众的需要选择背景材料。写消息需要站在受众的角度去选择背景材料，利用背景材料说明、解释受众不清楚、不理解的地方，如一些新生事物和新的科学技术，就需要更多的背景材料来进行解释和说明。

3）巧妙穿插。背景材料往往是独立、静止的，要想把他用活，就要将其分解，或插入句子中，或插入段落中，或自成段落。为了说明、补充、烘托新闻事实，背景材料受新闻事实和消息主体的调遣，哪里需要背景材料助阵，背景材料就在哪里出现。

（5）消息结尾的写作要求

1）顺势而行，忌草率拖沓。要注意，结尾并不是一则消息必须具备的。只要新闻事实交代的完整清楚，就不必再强求一个所谓的结尾。

2）紧扣事实，忌空泛议论。有些记者在报道完新闻事实后，唯恐受众不能体会事实的意义，常常爱作一些诸如“受到众人一致好评”、“必将进一步促进工作的展开”等空泛的议论，这些议论只能给受众留下一条空尾巴。

3）令人回味，忌生硬说教。如果是文章完了，给受众的回味未完，能使人掩卷为之思索；或遒劲有利，给人强烈的印象。倘若在结尾处加上一笔生硬的说教，反而让人倒胃口。

相关知识

1. 网络稿件的语言要求

网络稿件同传统稿件一样，对于语言的要求，总体来说应该是准确、清晰、生动的。但网络稿件的语言有着自己的特点，而且网络稿件语言的要求是按照网络传播的特点提出的。

（1）简短直白，容易懂

新闻要用最精炼简短的文字，通过最典型的材料，反映出所报道的事实，阐明新闻主题，并被新闻受众所理解。网络稿件更要如此，他的句式要短而又短，用词要精而又精，这是由网络传播的特点和受众的心理所决定的。

1）网络信息传播速度十分迅速，所以，网络稿件力求做到使对某一新闻事件之最新情况的报道。

2）网上信息繁多，网民很难有耐心反复细看、斟酌新闻的含义。短新闻因其内容集中、主题突出，又便于受众记忆，深受网民的喜欢。

3）网络稿件信息必须做到文章短、段落短、句子短，以便于受众在网页上阅读，减轻疲劳感。

4）网络稿件的文字应该避免晦涩的词语，因为受众没有时间仔细琢磨这些难懂的词语。

5）网络稿件的文字应该以朴实为主，过于花哨的文字容易让人生厌。

（2）可扫描性

面对信息海洋，受众更渴望在最短的时间内用最快的速度了解自己生存环境发生的最新变化。因此，网络稿件信息应该具有可扫描性，即可以让受众在鱼目混杂的众多信息中一眼瞥中那些重要的信息，为此可以将某些重要内容用某些方式突出，如加粗、彩色、荧光、特殊字体等；也可以利用表格、结构图、示意图等方式将要点一一列出。此外，还可以利用多媒体技术，为稿件添加音频、视频，以增加稿件的视听效果。

2. 新兴的网络语言

时至今日，网络语言发展迅速。网民们不仅用汉字、数字、符号、字母来尽情组合、改造词语，而且用谐音、怪词、错字、别字大玩语言游戏。

（1）新词新语

恐龙、美眉、霉女、青蛙、菌男、东东、隔壁、楼上、楼下、楼主、潜水、灌水……这些都是网友之间为了方便交流，加强沟通而创造的有其独特风格的习惯用语，是由网民创造并在网上使用的语言。

（2）数字

886（再见）、885（帮帮我）、9494（就是就是）、7456（气死我了）、555~~~~（呜呜呜、哭泣声）、995（救救我）……这些数字类型的网络语言敲打起来要比中文输入方面很多，深受广大网民喜欢。

（3）字母

MS（貌似）、PFPF（佩服佩服）、XDJM（兄弟姐妹）、ZZZ（睡觉）这类网络语言简洁明快、新颖奇特，并包含调侃诙谐之意，迎合了现代人放松身心的需要，为紧张忙碌的人们营造出轻松幽默的阅读氛围。

（4）英文缩写

3Q（thank you，谢谢）、SP（support，支持）、So So（一般）、download（“荡”）……外来词进入网络语言，常常有一个“汉化”的过程。起初是直接引用，有时几种翻译方式共存，有时为了简单明了使用缩写形式。经过长时间使用，有些意义明确、词形规范的则逐渐地确定了下来。

（5）图形符号

:-)（普通笑脸）、:-D（大笑）、:-0（吃惊）、*<|:-)（圣诞老人）、^-^（快乐的人）、(︶-.-︶)（鄙视）、(╰_╯)（愤怒）……这些象形图形不仅形象传神，而且输入简便。他们不时地出现在聊天的对话中或者论坛的帖子上面，使得交流的双方或多方仿佛可以看到了彼此的表情和动作，增添了网际交流对现实的模拟。

（6）童言童语

将“东西”说成“东东”，“一般”说成“一般般”，“试一下”说成“试一下下”……这种故作幼稚的网络语言尽管在整个网络语言中所占的比例很小，但它的生成速度很快，传播效率很高，应用面越来越广，尤其深受80后、90后喜爱。

举一反三

1）浏览人民网、新华网、新浪网、中国新闻网等网站的新闻，并尝试总结各网站新闻的特点。

2）自定主题（可以是你身边发生的事），自己动手写一则消息。

3）在撰写消息的过程中，体会需要注意哪些写作要求。

任务总结

本章主要介绍了网络原创信息、采访的常用方法以及网络稿件写作的相关知识。

网络原创内容主要包括网络原创新闻和网络原创文学。网络原创新闻按照新闻的来源，又可以分为自采自写新闻、整合新闻。网络原创新闻具有超文本链接、互动性、多媒体性以及时效性等特点。而网络原创文学则是互联网催生的一种新的文学形式，他具有传播途径的快捷性、创作方式的多样性、创作主客体的互动性、创作主体的平民性等特点。

新闻采访的方式主要有实地采访、电话采访、电子邮件采访等。实地采访是传统记者最基本的也是最常用的采访方式，在进行采访时的提问方式有正面提问、侧面提问、设问、追问和激问等。电话采访具有方便、及时、节省成本的优点，但需注意电话采访具有采访不实、拒访率高等缺点。此外，采访方式还有电子邮件采访，即使通讯工具采访，论坛和聊天室采访，博客采访等。

消息是各种新闻体裁中用的最多、最活跃的一种体裁。消息的结构一般由标题、消息头、导语、主体、背景、结尾六部分组成。网络稿件的语言要求是简单易懂且具备可扫描性。

练 习 题

一、单项选择题

1．网络内容原创不包括的形式是（　　）。
　A．网络原创新闻　B．网络原创文学　C．博客　D．论坛
2．网络原创新闻的内容来源不包括（　　）。
　A．自采自写新闻　B．整合新闻　C．转载新闻　D．抄录新闻
3．传统记者最基本的也是最常用的采访方式是（　　）。
　A．实地采访　B．电话采访　C．电子邮件采访　D．博客采访
4．实地采访最突出的特点是（　　）。
　A．准确无误　B．节省成本　C．方便　D．及时
5．电话采访的缺点不包括（　　）。
　A．采访不实　B．拒访率高　C．成本高　D．难以把握
6．对于不善言谈、不习惯接触记者的采访对象，比较妥当的提问方法是（　　）。
　A．正面提问　B．侧面提问　C．追问法　D．激问法
7．消息的多行标题不包括（　　）。
　A．引题　B．正题　C．侧题　D．副题
8．消息开头用来提示新闻要点与精华、发挥导读作用的段落是（　　）。
　A．消息头　B．导语　C．消息主体　D．消息背景
9．消息背景的作用不包括（　　）。
　A．解释说明　B．对比衬托　C．开阔视野　D．充当字数
10．以下不属于消息结尾方式的是（　　）。
　A．首尾呼应　B．画龙点睛　C．自然抒情　D．戛然而止

二、简答题

1. 简述网络内容原创及其重要性。
2. 网络原创新闻的特点有哪些？
3. 网络原创文学的特点有哪些？
4. 简述实地采访的操作要点。
5. 简述电话采访的优点和缺点。
6. 简述电子邮件采访的优点和缺点。
7. 消息的标题有哪些类型？他的写作要求又是什么？
8. 消息的导语有哪些类型？他的写作要求又是什么？
9. 消息背景的作用有哪些？
10. 消息有几种结尾方式？

任务6　掌握网络互动方式

任务提出

小李所在的网站栏目即将改版，他希望通过网络来收集受众对此栏目的需求及意见，并通过电子邮件、网络论坛、博客、即时通讯工具等手段与网民进行交流和互动。

任务分析

本次任务主要了解各种网络互动方式，并能够通过网络与网民进行交流和互动。具体来说，本次任务涉及如下内容:

1）如何通过网络问卷调查收集受众的需求和意见。网络问卷调查是目前最常用的网络调查方式之一，具有问卷制作简单，分发迅速，回收方便等特点。因此，小李需要具备实施网络问卷调查的相关知识。

2）如何使用即时通讯工具进行即时通信。即时通讯工具的运用为交流双方的沟通创建了一个良好的渠道。因此，小李应该了解常用即时通讯工具的使用，能够运用即时通讯工具与网民进行互动。

3）如何使用电子邮件进行交流。电子邮件可以说是一种延时交流的互动方式。小李应该了解如何使用专门的电子邮件收发软件，进行电子邮件的发送、接收及群发电子邮件的操作。

4）如何建立及管理博客。博客是互联网平台上的个人信息交流中心，是继电子邮件、网络论坛、即时通讯之后出现的第四种网络交流方式。小李应该了解网络博客的类型及特征，掌握网络博客建立的方法。

5）如何管理网络论坛。网络论坛是一种交互性强、内容丰富、即时的Internet电子信息服务系统。小李应了解网络论坛管理的内容，掌握网络论坛管理的方法等知识和技能。

任务分解

为了完成以上内容，可以将任务分解成如下5个子任务。

子任务1：实施网络问卷调查;

子任务2：使用即时通讯工具;

子任务3：收发与管理电子邮件;

子任务4：建立博客;

子任务5：管理网络论坛。

下面分别对这些任务的目标进行确认，并对任务的实施给予理论和实践指导。

子任务1　实施网络问卷调查

子任务目标

- 了解网络问卷调查的特点及形式
- 理解设计网络调查问卷的原则
- 掌握实施网络问卷调查的步骤

1. 确定网络问卷调查的形式

网络问卷调查是指以网页呈现调查问卷，供网友直接点选题项并在线提交的方式。在网站的受众调查中，网络问卷调查是最常见的一种调查方式，其采用的形式主要有：

（1）投票式问卷形式

网站在对热点新闻、突发事件、社会热点问题等进行报道的同时，通常采用投票式问卷的调查方式来与网民进行互动。如图6-1所示的2009年8月13日新浪网新闻中心国际新闻栏目的热点调查、图6-2所示的2009年8月13日人民网人民热线频道的热点调查。

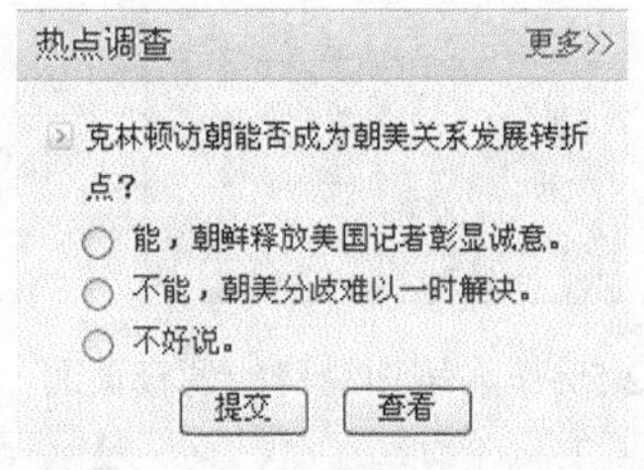

图6-1　新浪网-新闻中心的热点调查

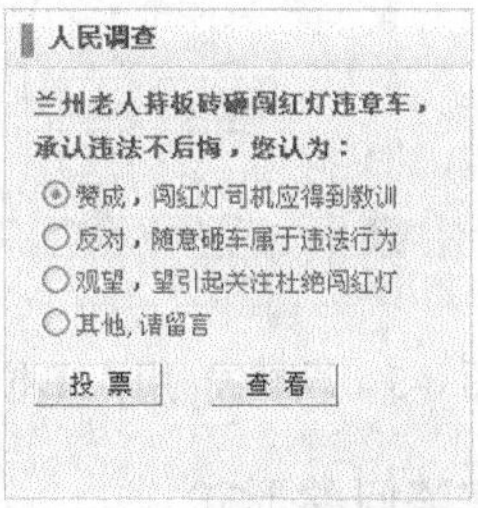

图6-2　人民网-人民热线的调查

投票式问卷一般只设一个问题，下列若干备选答案，网民可以用单选、多选或判断的方式参与调查，通常也称为投票式调查。由于这种调查方式操作简便、速度快，因而网民参与的积极性较高，但调查效果有时并不能完全真实地反映受众的意见。

（2）组合形式

组合形式（专题调查）实际上是简单形式规模化的发展，如图6-3所示的凤凰网关于用人单位可提取职工工资 1.5%～2.5%作为培训经费的调查。在组合方式的调查问卷中，通常将调查的主题分解为若干子题，尽管每一个子题的题项只有三四个选项，但众多的子题可以形成对事物多侧面和多角度的反馈，从而使调查能够做到更全面、更深入。

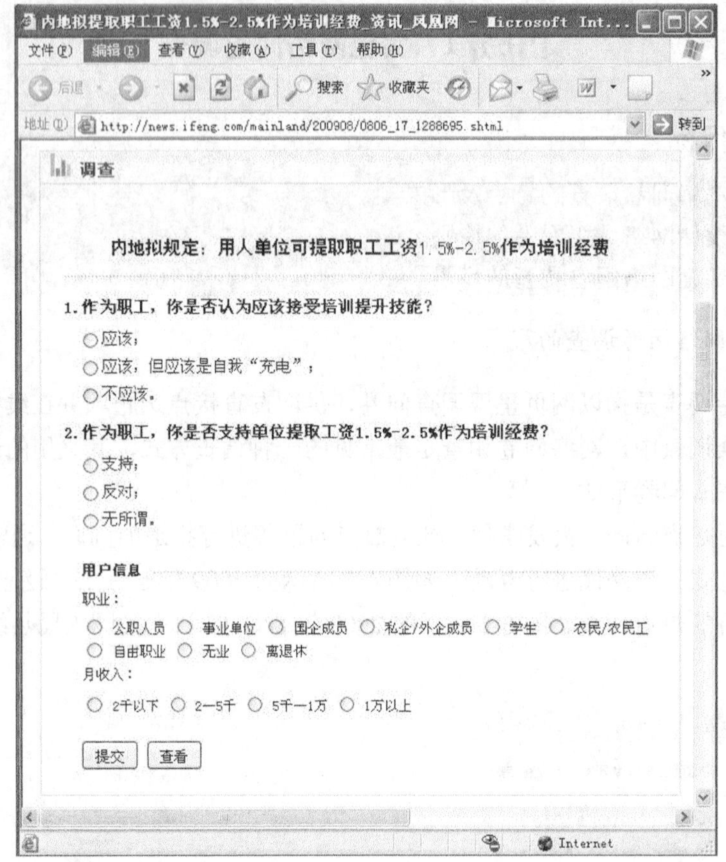

图 6-3 凤凰网-用人单位可提取职工工资 1.5%～2.5%作为培训经费的调查页面

（3）完整问卷形式

完整问卷方式是指在网页上呈现一份完整的调查问卷，如图 6-4 所示的人民网网络问政的调查。问卷内容往往包括调查对象的个人简单情况和较多的调查题项，还可设置供网友填写具体建议、意见的窗口。

2. 设计网络调查问卷

（1）网络调查问卷设计的原则

1）明确性原则。明确性是指调查问卷的设计应紧扣调查主题，用简单明确的句子，运用浅显易懂的词语；备选答案的覆盖范围应明确，并避免交叉重叠。这样网民相对容易了解调查对象的意图，从而予以配合，最后得到较为准确的调查资料。

2）逻辑性原则。一份调查问卷的设计要给人上下连贯的整体感，问题与问题之间有相关的逻辑性，从而使调查问卷形成一个相对完整的小系统。

3）普遍性原则。调查问卷的设计应具有普遍性，这是调查问卷设计的一个基本要求。

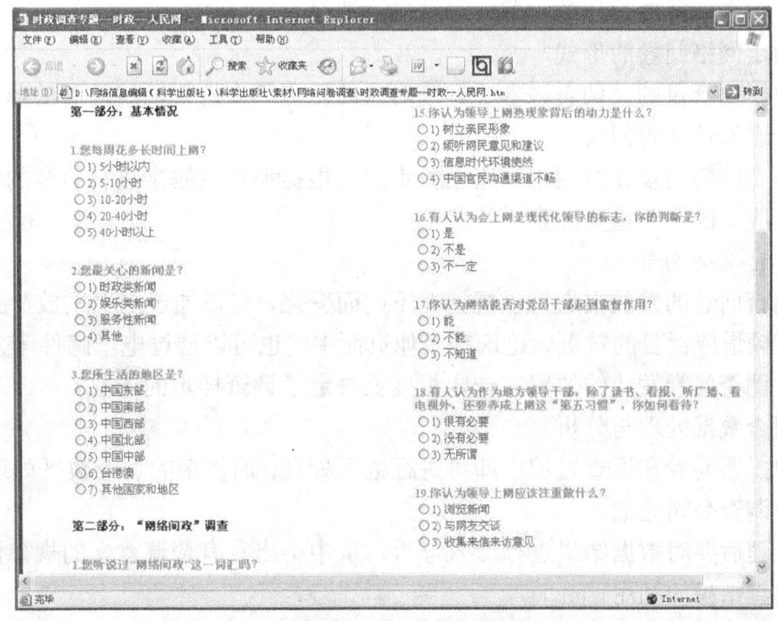

图 6-4　人民网-网络问政的调查页面

4）便于整理统计与分析。这是调查的重点，需考虑到调查的结果容易得出和调查结果的说服力。这就要求调查结果能够累加和便于累加，并能通过数据明确说明调查的问题。只有这样，网络调查才能达到预期的目的。

（2）网络调查问卷的结构

网络问卷一般包括前言、主体和结束语三个部分。

1）前言，一般位于网络问卷的上方，用于说明问卷的主题和简要介绍调查的目的。

2）主体，包括调查的问题、回答的方式等内容。

3）结束语，在网络问卷的最后应有结束语，对填表者表示感谢。

（3）问卷问题的回答方式

1）封闭式回答方式。封闭式回答方式是指将问题的备选答案都列出来，由被调查对象从中选取一项或几项答案。这种方式可以节约回答时间，提高问卷的回复率和有效率，便于对回答结果进行统计分析。但是封闭式回答方式比较机械，在调查质量上不易保证。

2）开放式回答方式。开放式回答方式是指对问题不提供具体答案，由被调查对象自己填写。这种方式灵活性大、适应性强，但是回答的标准化程度低，在问卷的回复率和有效率方面往往不够理想。

3. 实施网络问卷调查的步骤

（1）明确调查目的

明确调查目的及调查内容是设计调查方案的前提和基础，因此，需要根据调查目的

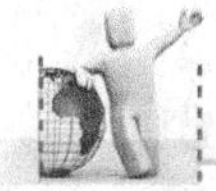

来确定调查主题。问卷设计的主题应当精确、清楚。

（2）确定网络问卷的形式

需要根据调查目的及调查内容、调查对象的特点等来选择网络问卷的形式。

（3）合理设计调查问卷

网络调查问卷的设计对网络调查至关重要，根据调查主题来进行科学的问卷设计，是问卷调查成功的一个重要因素。

（4）实施网络调查

网络调查问卷的发放渠道可以视情况不同而变化，可以通过网页发放，放置在网站的首页，某频道或栏目的首页、论坛等其他页面中。也可以通过电子邮件等方式进行问卷的发放。调查问卷发放的位置在一定程度上决定了调查样本的选取。

（5）调查数据处理与分析

简单的投票问卷在调查过程中即可进行数据处理；而复杂的调查数据处理常由专业人员或专业调查公司完成。

数据处理后要对数据结果进行深入分析，从中得出具有普遍意义的规律性结果。

（6）调查结果的利用

1）用于新闻报道。可将调查结果有机地结合和运用到新闻报道中，既可根据调查结果撰写相关报道，也可将部分结果用于有关报道，以增强报道的说服力。如图 6-5 所示的人民网教育频道的消息页面。

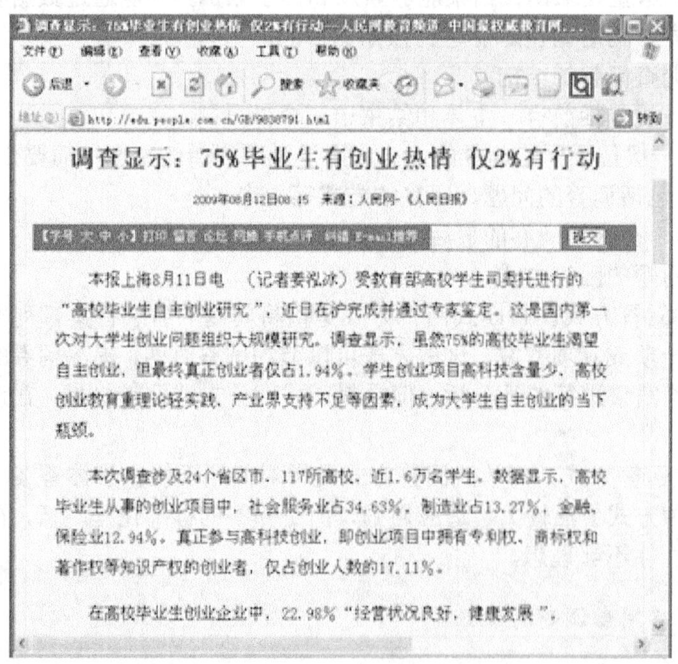

调查显示：75%毕业生有创业热情 仅2%有行动

2009年08月12日08:15 来源：人民网-《人民日报》

本报上海8月11日电 （记者姜泓冰）受教育部高校学生司委托进行的"高校毕业生自主创业研究"，近日在沪完成并通过专家鉴定。这是国内第一次对大学生创业问题组织大规模研究。调查显示，虽然75%的高校毕业生渴望自主创业，但最终真正创业者仅占1.94%。学生创业项目高科技含量少、高校创业教育重理论轻实践、产业界支持不足等因素，成为大学生自主创业的当下瓶颈。

本次调查涉及24个省区市、117所高校、近1.6万名学生。数据显示，高校毕业生从事的创业项目中，社会服务业占34.63%，制造业占13.27%，金融、保险业12.94%。真正参与高科技创业，即创业项目中拥有专利权、商标权和著作权等知识产权的创业者，仅占创业人数的17.11%。

在高校毕业生创业企业中，22.98%"经营状况良好，健康发展"，

图 6-5 人民网教育频道-75%毕业生有创业热情 仅 2%有行动的页面

2）形成调查分析报告。对调查结果进行分类统计、分析，形成报告。调查分析报告通常可作为网站进行战略调整时的依据，或报送有关部门作为直接的参考资料使用。

相关知识

1. 网络受众调查的特点

网络调查是指通过互联网在网络受众中展开的针对特定问题进行的调查设计、收集资料和分析等活动。网络调查的优点主要体现在：

1）网络调查不受空间限制，能够进行跨地域的大规模调查。

2）网络调查成本低，可以节约大量的人力、物力、财力。

3）网络调查具有实时性，调查的周期短，获得的数据能够及时反映受众的最新变化，便于网络媒介及时做出针对性的调整。

4）网络调查具有互动性，网络的互动性赋予网络调查互动性的优势。

5）网络调查形式多样，不仅可以吸收传统调查方法的精华，还可以利用其传播和互动性的特点，综合网上网下多种手段进行调查。

网络调查是一种新兴的信息收集和处理方式，具有传统调查所不具备的许多优势，但同时他也存在着一定的缺陷和局限性，主要体现在：

1）由于互联网的开放性，导致了网络调查不易做到方法科学、调查结果准确可靠。

2）目前还缺乏与网络调查相关的法律和管理规定，从而影响了调查的科学性和可靠性。

3）由于没有严格的监控机制和机构，网络调查结果容易造假，从而影响了网络调查结果的真实性。

2. 设计网络调查问卷应注意的问题

在设计问卷的内容时，需要注意以下问题：

1）问卷内容要具体，问题要单一，用词要准确、通俗，提问的态度要客观。

2）在组织问卷问题时，要注意问题排列的逻辑严密性，可以按照问题的性质或类别、复杂程度或困难程度、时间顺序等进行排列。

3）问卷不宜过长，答题形式力求简单，方便操作，如尽量少用键入式而多采用选择式的答题方式。

4）可以采用问卷智能化技术，如实现问卷的自动检验，在调查对象答题过程中，自动检查前后的逻辑性和完成状况，并给予一定的提示。

举一反三

1）网站将开设一个新栏目（主题自选），需要进行受众调查以确定此栏目的内容及子栏目，并撰写一份调查报告。

2）针对当前的形式，设计一个网上投票式调查，并统计结果。

3）利用投票式调查的统计结果撰写一篇消息。

子任务2　使用即时通讯工具

子任务目标

- 了解即时通讯工具的种类及特点
- 掌握即时通讯工具的使用

1. 即时通讯工具的种类

（1）腾讯QQ

腾讯QQ是一款1999年2月推出的、基于Internet的即时通信软件，可与移动通讯终端等多种通讯方式相连。目前，腾讯QQ已成为国内用户最多的个人即时通讯工具。

（2）移动飞信

飞信是中国移动推出的综合通信服务，即融合语音（IVR）、GPRS、短信等多种通信方式，覆盖三种不同形态（完全实时、准实时和非实时）的客户通信需求，实现互联网和移动网间的无缝通信服务。

（3）微软MSN

MSN 是微软公司推出的即时聊天软件。由于微软产品用户众多，操作简单，运行稳定，与Windows XP进行了无缝结合，使得其普及速度非常快，目前在国内已经拥有了大量的用户群。

（4）阿里旺旺

阿里旺旺是阿里巴巴为商人度身定做的免费网上商务沟通软件，集成了即时的文字、语音、视频沟通，以及交易提醒、快捷通道、最新商讯等功能，是网上交易必备的工具。

（5）雅虎通

雅虎通是雅虎开发的聊天软件，允许用户与朋友、家人、同事及其他人进行即时的交流。用户只需要麦克风、扬声器或耳机，即可和朋友畅谈对话，且设有语音留言与呼叫记录，即使用户不在线，也可以收到好友的语言留言。雅虎通内置了股票、新闻、记分板等选项卡，不论用户在何处浏览，都可以监视用户所有的个性化信息。

（6）新浪UC

新浪UC是一个开放式的即时通讯娱乐平台。他采用自由变换场景、个性在线心情等人性化设计，配合视频电话、信息群发、文件互传、在线游戏等，使用户在聊天的同时能边说、边看、边玩，从而带给用户前所未有的聊天新感觉。

（7）网易POPO

网易POPO是一款融合了QQ与MSN优点的多媒体即时通讯工具，其解决安全与

隐私问题的功能非常完善，特别是好友的权限设置功能优于其他的即时通讯软件。

（8）TOM-Skype

TOM-Skype 是一款融合了 MSN 主要优点，同时又具有自身特点的即时通讯工具，不仅可以支持在线文字聊天，在线的语音一对一、一对多对话，而且还支持电脑对固定电话、电脑对移动电话的短信和语音交流。

2. 使用即时通讯工具

下面以 MSN 软件为例进行介绍。

（1）下载和安装 MSN

1）下载 MSN。登录 MSN Messenger 官方网站（http://messenger.live.cn），下载 Windows Live Messenger2009 软件包。

2）安装 MSN。双击下载的安装文件，会出现安装向导，按照安装向导的提示即可完成 MSN 的安装。

（2）登录 MSN

1）打开 Windows Live Messenger 软件，出现 MSN 登录界面。

这里的登录名是微软提供的免费 Hotmail 或 MSN 邮箱。如果已经有一个 Hotmail 邮箱，可以直接填入邮箱及密码，如图 6-6 所示，即可进入 MSN 的工作界面。

2）如果还没有 Hotmail 邮箱，可以单击登录界面中的“注册”链接，进入 ID 注册页面，按提示注册一个 Hotmail 邮箱，如图 6-7 所示。

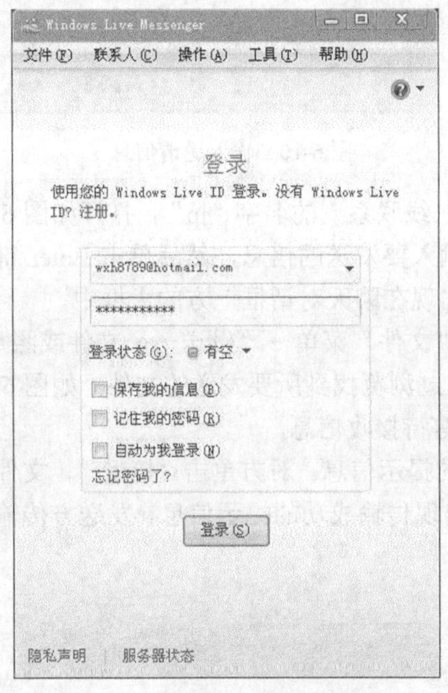

图 6-6　MSN 用户登录界面

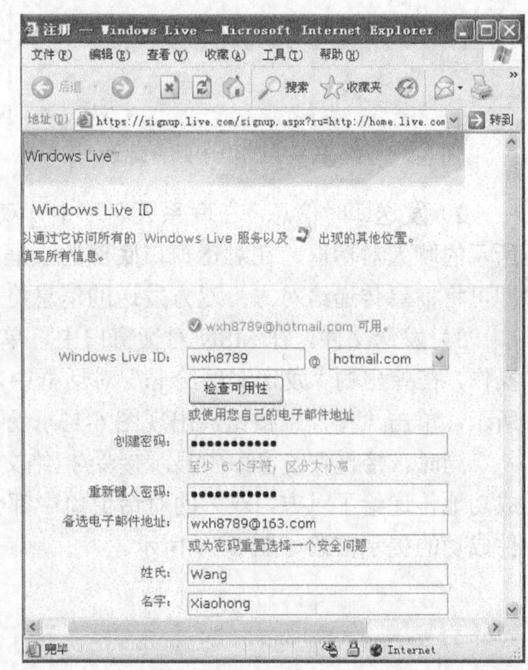

图 6-7　注册 Windows Live ID

图 6-8　MSN 工作界面

3）登录后进入 MSN 的工作界面，如图 6-8 所示，就可以开始使用 MSN 了。

（3）使用 MSN

1）添加联系人。刚开始使用 MSN 时，还没有联系人。要想与对方即时发送信息，就需要将对方的邮箱添加到联系人中。

单击 MSN 界面工具栏中的“联系人”菜单 →“添加联系人”操作，进入“添加联系人”对话框，输入对方的电子邮件地址，如图 6-9 所示。单击“下一步”按钮进入“发送邀请”对话框，如图 6-10 所示，输入邀请信息，如果对方同意这个请求，就可以开始聊天了。

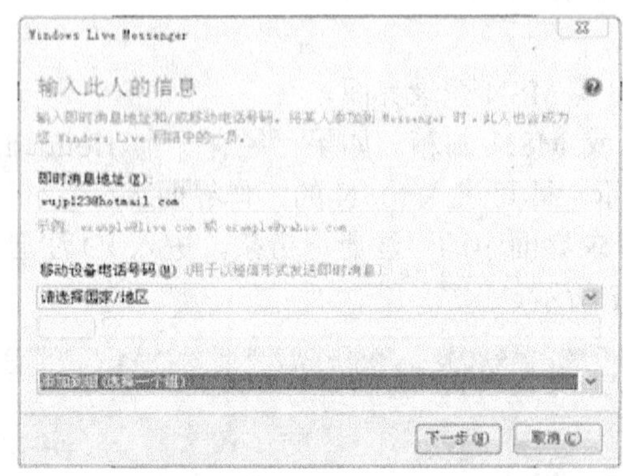

图 6-9　输入联系人的电子邮件地址

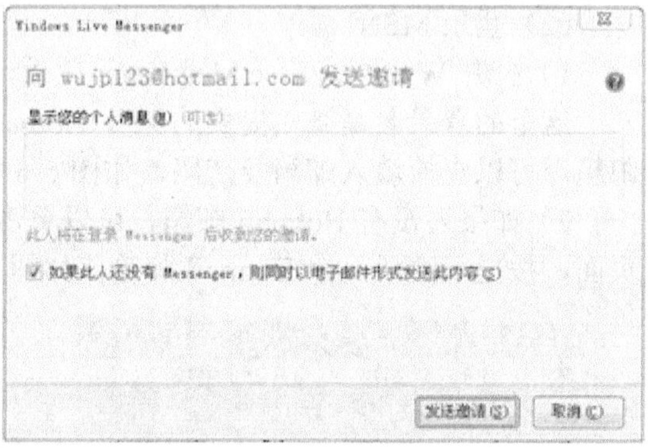

图 6-10　输入邀请信息

2）发送即时信息。在联系人名单中，双击在线联系人的名字“jp”，打开如图 6-11 所示的聊天对话框，在对话窗口底部的小框中输入要发送的信息，然后单击 Enter 键，即可将信息传递给对方。双方发送的消息将会出现在聊天对话框上方的大框中。

3）发送文件。在 MSN 对话窗口中，单击“文件”菜单→“发送一个文件或照片”操作，在弹出的“发送文件给 jp”对话框中，通过浏览找到所要发送的文件，如图 6-12 所示，单击“打开”按钮，出现图 6-13 所示的等待接收信息。

同时，接收方的窗口中显示接受/拒绝文件的提示信息。对方单击“接受”，文件就成功地传递给了对方，双方的对话窗口中都会出现传输成功的提示信息。发送方传输文件成功的提示信息如图 6-14 所示。

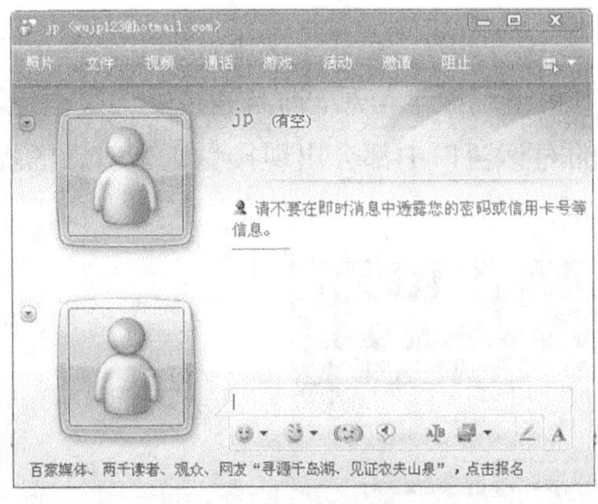

图 6-11　MSN 对话窗口

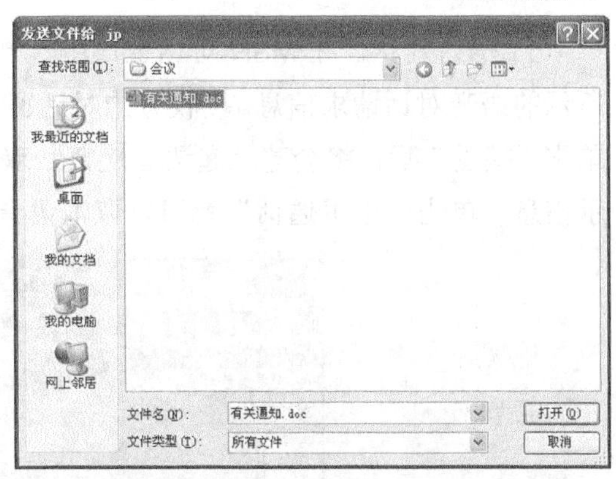

图 6-12　MSN“发送文件给 jp”对话框

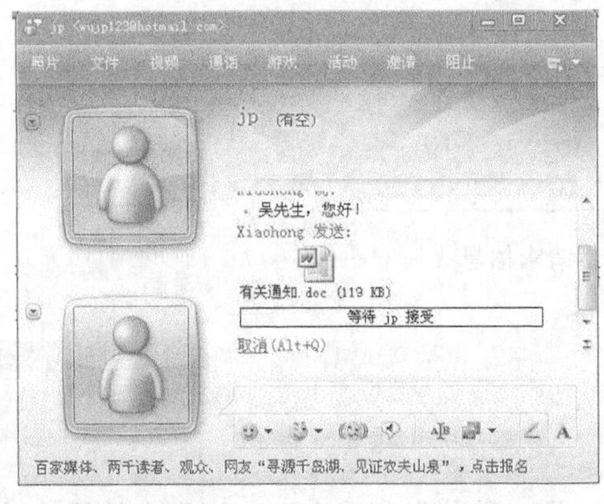

图 6-13　MSN 等待对方接收文件的提示信息

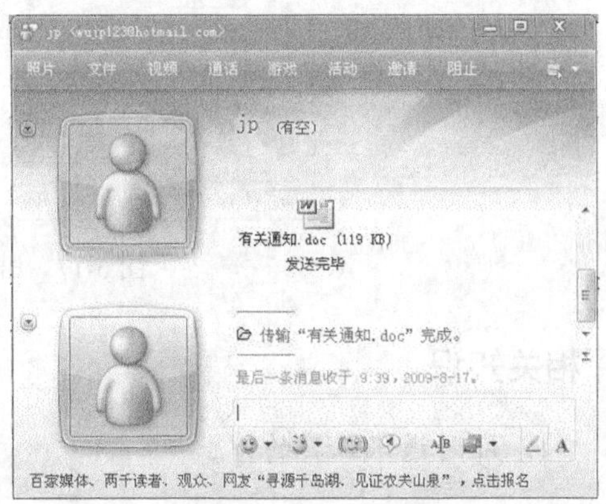

图 6-14　发送方传输文件成功的提示信息

4）接收文件。对方发送一个文件，此时在 MSN 对话窗口中显示接受/拒绝文件的提示信息，如图 6-15 所示。单击“接受”就可成功接收文件，出现接收对方文件进度的提示信息，如图 6-16 所示，直至完成文件的接收。

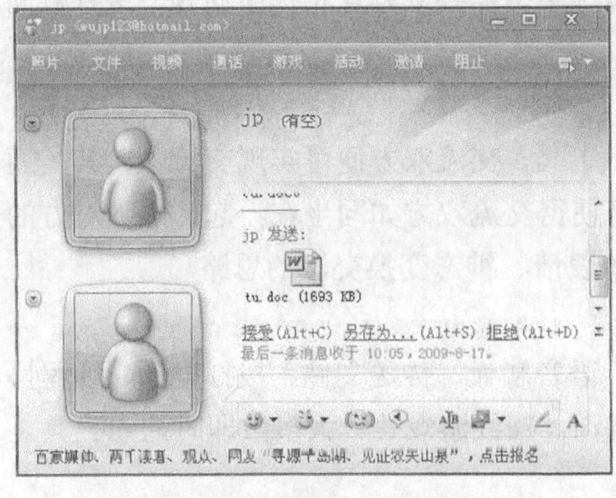

图 6-15　接受/拒绝文件的提示信息

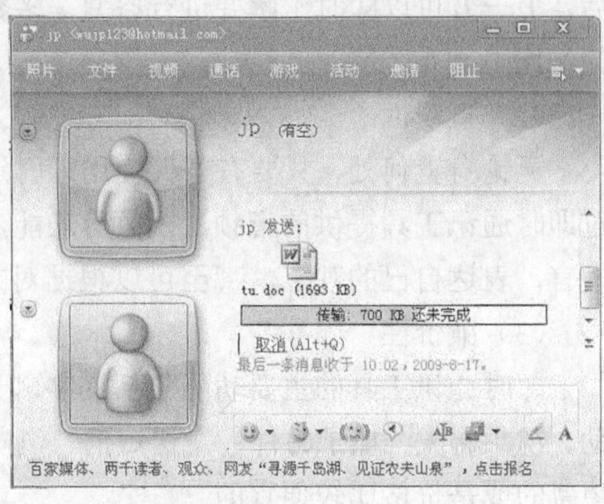

图 6-16　接收对方文件进度的提示信息

5）语音对话。在 MSN 对话窗口中，单击菜单栏中的“通话”操作，将出现图 6-17 所示的语音对话请求信息。接收方的对话窗口中将出现提示信息，询问是接受还是拒绝，单击“接受”后，将会建立起语音连接，双方的对话窗口中都会出现接受语音对话的提示信息。单击“结束通话”就可以取消语音对话。

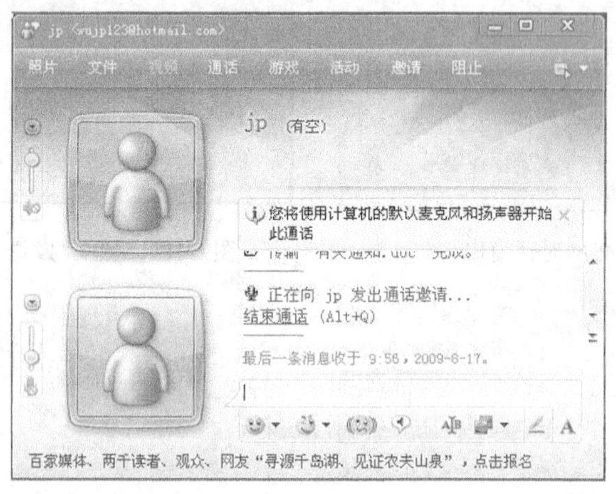

图 6-17 语音对话请求信息

相关知识

1. 即时通讯工具的特点

即时通讯（Instant Messaging，缩写为 IM）是一种使人们能在网上识别在线用户并与他们实时交换消息的技术。即时通讯具有以下特点：

（1）即时性

即时通讯工具的运用为交流双方的沟通创建了一个良好的渠道，当一方提出问题后，另一方可以即时了解并进行答复。多数情况下，需要双方互相提出问题，进行双向的沟通。

（2）直观性

无论身置何处，只要有条件使用即时通讯工具，交流双方便可实现交流，尤其是通过即时通讯工具提供的音频、视频等功能，可使得交流双方如同坐在一起，倾听对方的发言，表达自己的观点，甚至可以根据对方的表情、神态变换交流的思路。

（3）廉价性

即时通讯工具的主要功能包括文字聊天、语音聊天、传送文件、拨打电话、远程协助、视频聊天、电子邮件、发送短信、浏览咨询、在线游戏等。大多数即时通讯工具是免费的或是价格比较便宜的。

2. 即时通讯工具的使用现状

中国互联网络信息中心发布的第 24 次中国互联网络发展状况统计报告显示，截止 2009 年 6 月，我国网民中即时通讯工具使用率为 72.2%，网民规模为 24404 万人，半年内即时通信新增用户 2004 万人，但使用率下降了 3.1 个百分点。

举一反三

1）下载并安装 MSN，申请一个 MSN 用户名。使用 MSN 发送、接收文件，并进行音频、视频聊天。

2）申请一个 QQ 号码，并使用 QQ 进行聊天、传送文件、音频与视频的交谈，建立 QQ 群。

3）体验移动飞信的使用及功能。

子任务 3　收发与管理电子邮件

子任务目标

- 了解电子邮件的特点及作用
- 理解电子邮件管理的相关内容
- 掌握 Outlook Express 收发电子邮件的操作

1. 使用 Outlook Express 收发电子邮件

（1）设置电子邮箱账户

1）启动 Outlook Express，执行“工具”菜单 →“帐户”操作，打开“Internet 帐户”对话框，选择“邮件”选项卡。

2）单击“添加”按钮中的“邮件”选项，如图 6-18 所示，弹出“Internet 连接向导”对话框，在“显示”名中输入发件人的名称，此名称可任意输入，然后单击“下一步”按钮。

3）在“电子邮件地址”中输入 E-mail 地址，然后单击“下一步”按钮。

4）设置电子邮件服务器，不同邮箱的邮件服务器设置是不同的，网易免费邮箱的 POP3 和 SMTP 的设置如图 6-19 所示，然后单击“下一步”按钮。

5）输入账号和密码后，单击“下一步”按钮。然后再单击“完成”按钮保存设置。

（2）发送电子邮件

1）在 Outlook Express 中，执行“文件”菜单 →“新建”→“邮件”操作或在工具栏中单击“创建邮件”按钮，打开“新邮件”对话框。

2）在“收件人”中输入对方的电子邮件地址，若想将电子邮件发送给其他人，可在“抄送”中输入电子邮件地址；在“主题”栏中输入简短的说明，然后编辑正文。

3）如果邮件的内容过多，可利用附件功能进行发送。执行“插入”菜单 →“文件附件”操作或单击工具栏中的“附件”按钮，在打开的“插入附件”对话框中选择所要发送的文件，然后单击“附件”按钮完成操作。此时的“新邮件”对话框如图 6-20 所示。

4）单击工具栏中的“发送”按钮，完成发送的操作。

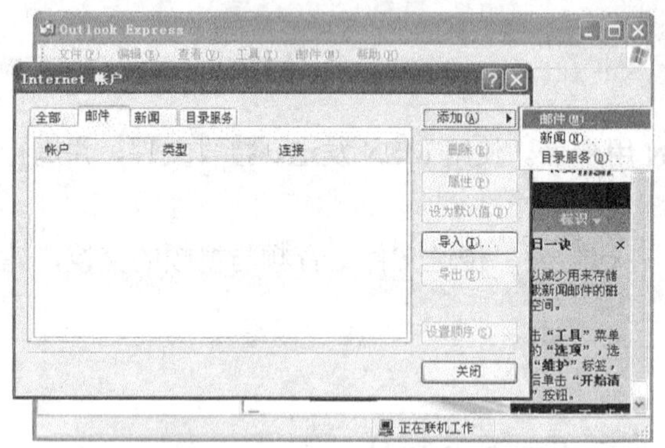

图 6-18 “Internet 帐户”对话框

Internet 连接向导
电子邮件服务器名
我的邮件接收服务器是(S) POP3 服务器。
接收邮件（POP3，IMAP 或 HTTP）服务器(I)：
pop3.163.com
SMTP 服务器是您用来发送邮件的服务器。
发送邮件服务器（SMTP）(O)：
smtp.163.com
<上一步(B) 下一步(N)> 取消

图 6-19 设置电子邮件服务器

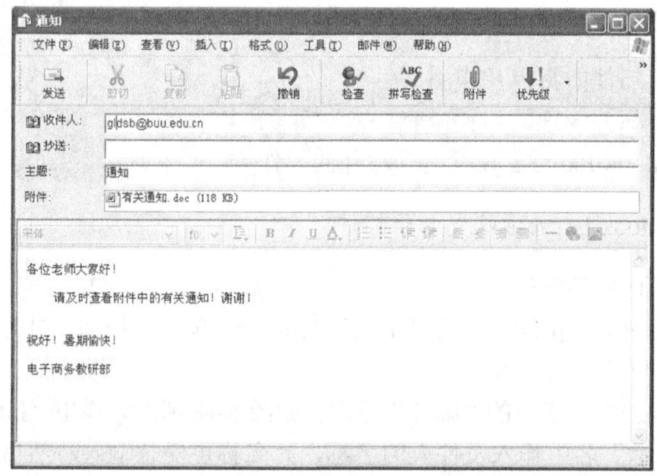

图 6-20 “新邮件”对话框

（3）接收电子邮件

在 Outlook Express 中，单击执行“工具”菜单 →“发送和接收”→“接收全部邮件”或单击工具栏中“发送/接收”按钮下拉菜单中的“接收全部邮件”命令，可发送和接收全部邮件，接收到的邮件放在收件箱中，如图 6-21 所示，双击收件箱中的邮件可直接阅读邮件内容。

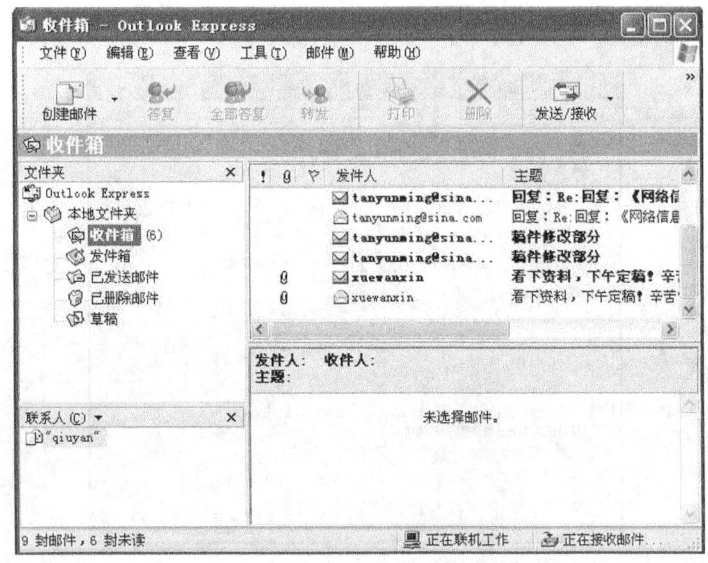

图 6-21　“收件箱”对话框

（4）群发电子邮件

1）在通讯簿中创建组。启动 Outlook Express，单击“工具”菜单 →“通讯簿”操作，打开图 6-22 所示的“通讯簿-主标识”对话框。单击其工具栏中“新建”按钮中的“新建组”操作，或选中“主标识的联系人”后单击鼠标右键，从弹出的选项菜单中选择“新建”→“新建组”操作。在打开的界面中输入组名即可，如图 6-23 所示。

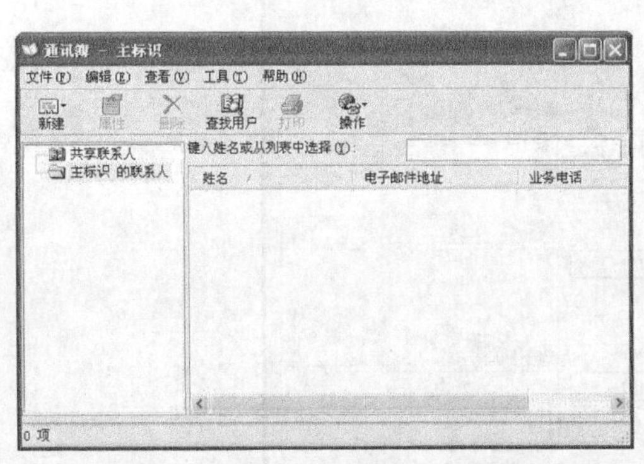

图 6-22　“通讯簿-主标识”对话框

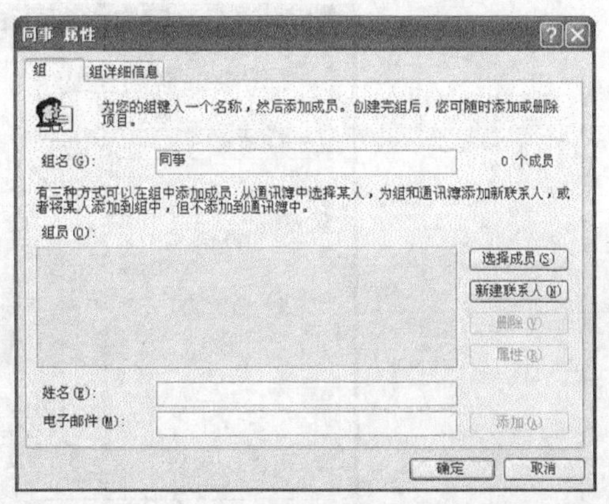

图 6-23　新建组的“属性”话框

2）添加联系人。在“通讯簿-主标识”对话框中，单击“新建”按钮中的“新建联系人”操作，进入图 6-24 所示的“属性”对话框，输入联系人的名字、电子邮件地址及其他信息，然后单击“确定”按钮，完成联系人添加的操作。这样重复多次，就可以添加所需要的用户电子邮件地址了。

如果通讯簿中已有大量的用户电子邮件地址，可以在图 6-23 中单击“选择成员”

按钮，将原有的联系人添加到组中。

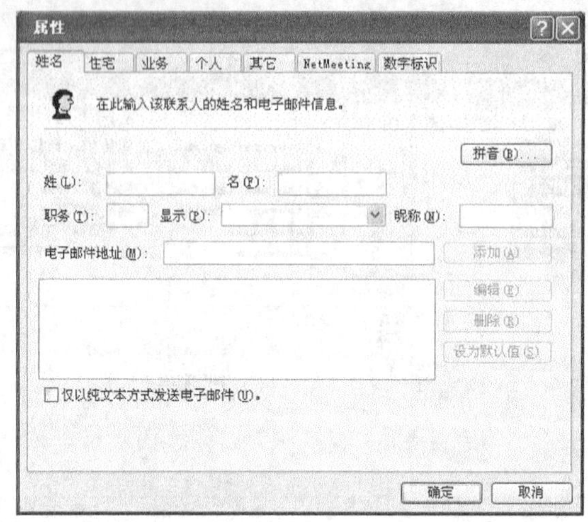

图 6-24　新建联系人的“属性”对话框

3）群发电子邮件。在 Outlook Express 中，单击工具栏中 的“创建邮件”按钮，打开“新邮件”对话框。单击“收件人”、“抄送”前的图标，打开“选择联系人”对话框，选择邮件发送对象所在的“同事”组，作为收件人进行发送，如图 6-25 所示，再单击“确定”按钮。然后在“新邮件”对话框中，输入邮件的主题和内容后，单击工具栏中的“发送”按钮，即可完成群发电子邮件的操作。

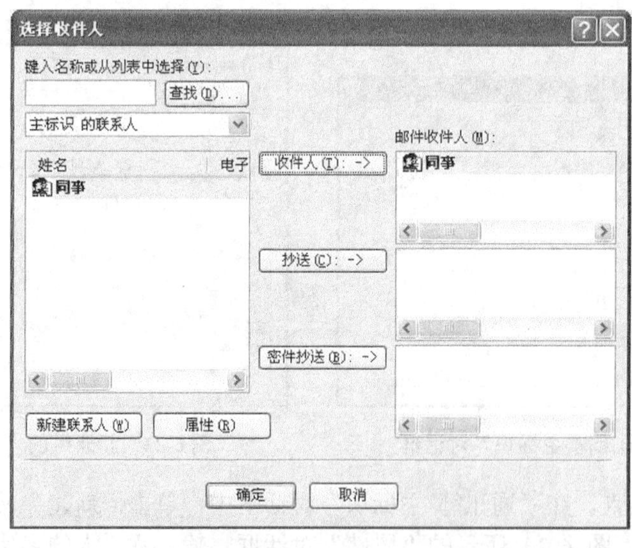

图 6-25　“选择联系人”对话框

2. 管理电子邮件

（1）邮件分类处理

网民发送给网站的电子邮件的目的不同，有提意见的，有与网站工作人员进行交流的，有网民针对某件事或话题发表自己意见的，有提供新闻线索的，还有些则是为了获得来自网站技术支持，并对网站的服务提出意见和建议。网络编辑的职责之一，是要区分网民发来的具有不同目的的邮件，并将他们及时转交相关人员，以便邮件得到尽快的处理。

（2）邮件内容的审核

对于准备发布上网的邮件，编辑需要进行认真的内容审核，其中包括对邮件中有关的事实、观点、知识、文字等方面的检查与修改。

（3）邮件发布的管理

对于网民的邮件，有些可以以原文的形式发布，有些则应以摘要方式发布，还有一些是集中了一系列的相关邮件编辑后发表。网站可以根据邮件的内容和自身的需要做出决定，采用灵活的方式与形式在网上发布网民的邮件。

相关知识

1. 电子邮件的特点

电子邮件（E-mail）是 Internet 上最频繁的应用之一。中国互联网络信息中心发布的第 24 次中国互联网络发展状况统计报告显示，截止 2009 年 6 月底，我国网民中电子邮件使用率为 55.4%，随着互联网的进一步普及和网民的成长，会有越来越多的人使用电子邮件作为工作和生活工具，长期来看，电子邮件的使用率还将会上升。电子邮件具有以下特点：

1）价格低。特别适于远距离用户之间的相互联系。

2）速度快。与信件相比，速度快得多。

3）可传送多媒体信息。电子邮件是多媒体传输的重要手段，可以将声音、图片、图像、程序等压缩后用电子邮件传送。

4）可以将同一邮件同时转发给多个收件人。如果由于某种原因电子邮件没有传送到收件人手中，那么邮件系统会将邮件退回，并给出退回的原因。

2. 电子邮件地址格式

电子邮件实际上就是在互联网服务商的 E-mail 服务器上为用户开辟出一块专用的磁盘空间，用来存放用户的电子邮件文件。每个电子邮箱都有一个地址，称为电子邮件地址（E-mail Address）。

电子邮件地址的格式是固定的，并且在全球范围内是唯一的。电子邮件地址的格式为：

用户名@主机名，其中“@”符号表示“at”，用户名是申请电子邮箱时用户自己起的名字，主机名是拥有独立IP地址的计算机的名字。

例如，wxh8789@163.com，用户名为“wxh8789”，主机名为“163.com”。

举一反三

1）在Outlook Express中，利用通讯簿来管理电子邮件地址。

2）练习在自己的邮箱中对电子邮件地址进行管理。

3）利用电子邮件与其他人进行交流。

子任务4　建 立 博 客

子任务目标

- 了解网络博客的类型及特征
- 掌握建立博客的方法

1. 了解网络博客的类型

（1）按存在的方式进行分类

1）个人网站型博客，博客者自己购买空间和域名，拥有独立站点和属于自己的独立域名。

2）托管博客，博客者到博客托管网站免费注册申请获得Blog空间，这是一种建立博客最简便的方式，现在许多网站都提供了这样的服务。

3）附属博客，将自己的博客作为某一个网站的一个栏目、一个频道或者一个附加内容，不少媒体网站都开始有了这样的举措。

（2）按内容进行分类

1）新闻博客，以发布时效性内容为主。

2）日记博客，以日记书写或变形日记书写内容为主。

3）学术博客，以学术探讨为主题的博客。

4）文学博客，专注于文学领域的博客。

5）音频博客，又称播客，以声音文件传输个人信息或爱好。

6）视频博客，以视频文件传输信息。

（3）按主体进行分类

1）名人博客，主要是指著名影视明星、著名专家学者、政界要员等名人撰写的博客。此类博客既能展现名人个性化的性格、情感、心路历程，又为追星族提供了一个与名人交流的渠道。

2）平民博客，主要是指普通人基于宣泄个人情感、展示个人风采等各种理由建立的博客。

（4）按活动性能的强弱进行分类

1）活力型博客，经常被更新，具有较强的活动性。

2）休眠型博客，不经常更新，平均一个月更新不到一次。

2. 建立及管理网络博客

以在网易网上建立博客为例进行介绍。

（1）注册博客

1）连接 Internet，登录网易网站的首页（http://www.163.com）。

2）单击首页上端栏目中的“博客”，进入博客频道。

3）单击博客频道首页右侧的“立即注册”，进入图 6-26 所示的网易通行证页面。

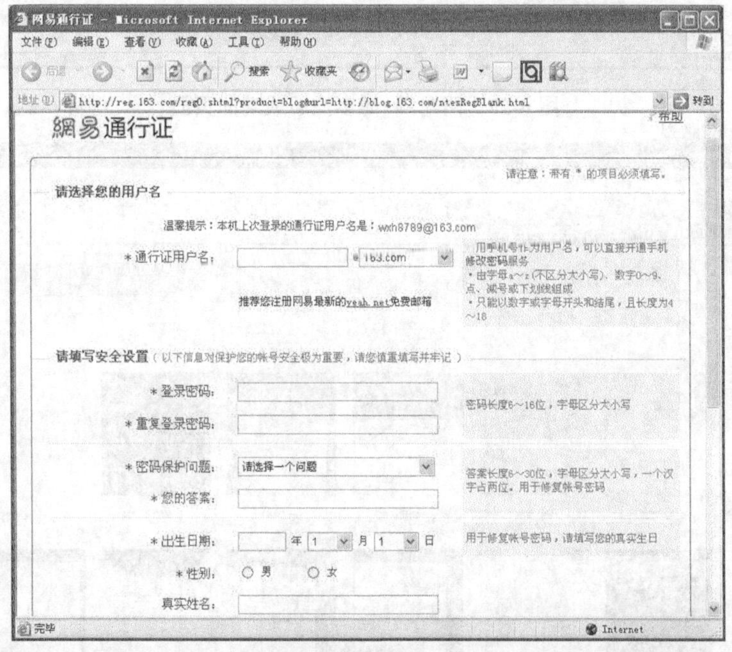

图 6-26　网易网-通行证页面

4）按要求填写信息，完成后单击“下一步”按钮提交信息。注册成功后，会出现如图 6-27 所示的页面。

（2）激活博客

1）单击图 6-27 中的“激活博客”按钮，进入博客激活页面，按照提示进行操作，上传头像→完善资料→选择模板，其中选择模板的页面如图 6-28 所示。

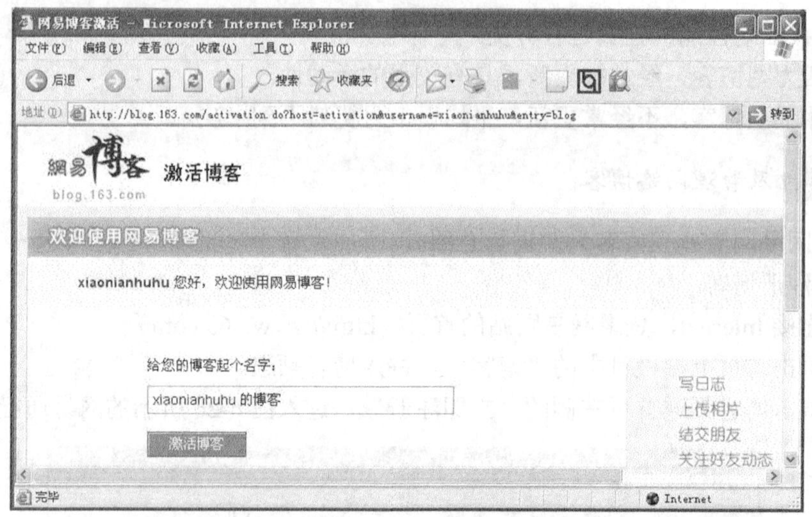

图 6-27　网易网-博客注册成功的页面

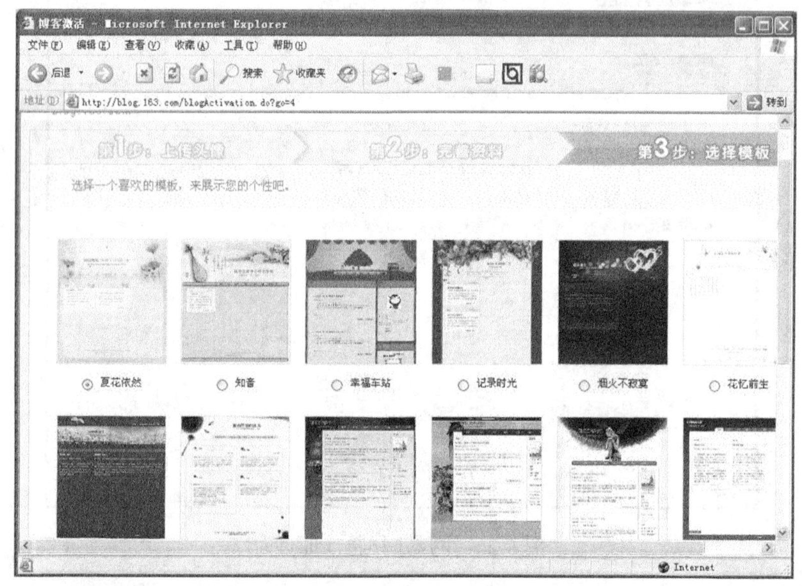

图 6-28　网易网-选择博客模板的页面

2）选择模板后单击“完成激活”按钮，即可进入图 6-29 所示的个人博客页面。

（3）发表日志

单击图 6-29 博客页面中的“写日志”，进入图 6-30 所示的撰写日志页面，添加日志标题“我的博客开通了！”，撰写日志内容“欢迎大家访问……”，选择查看权限等，然后单击“发表日志”按钮即可发表文章，如图 6-31 所示。

图 6-29　网易网-个人博客页面

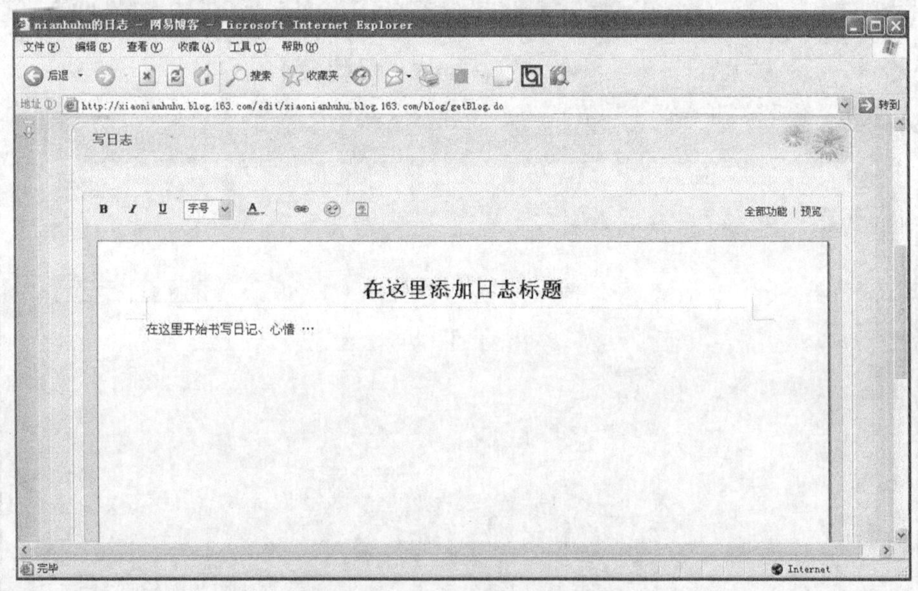

图 6-30　网易网-撰写日志页面

图 6-31　网易网-日志发表页面

（4）收藏网址

1）单击图 6-29 博客页面中的“收藏”，进入管理收藏页面。

2）单击页面左侧“网址档案”中的“创建”操作，填写新建网址档案信息，如图 6-32 所示，然后单击“保存”按钮。

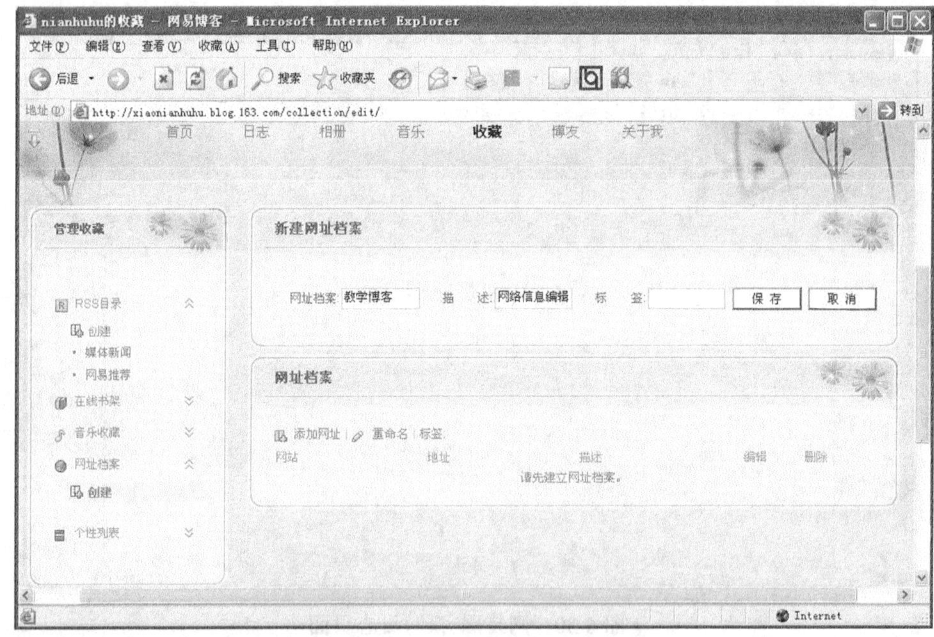

图 6-32　网易网-新建网址档案页面

3）再单击页面右侧“网址档案”区域中的“添加网址”，添加相应信息后单击“确定”按钮即可。添加网址后的页面如图 6-33 所示。

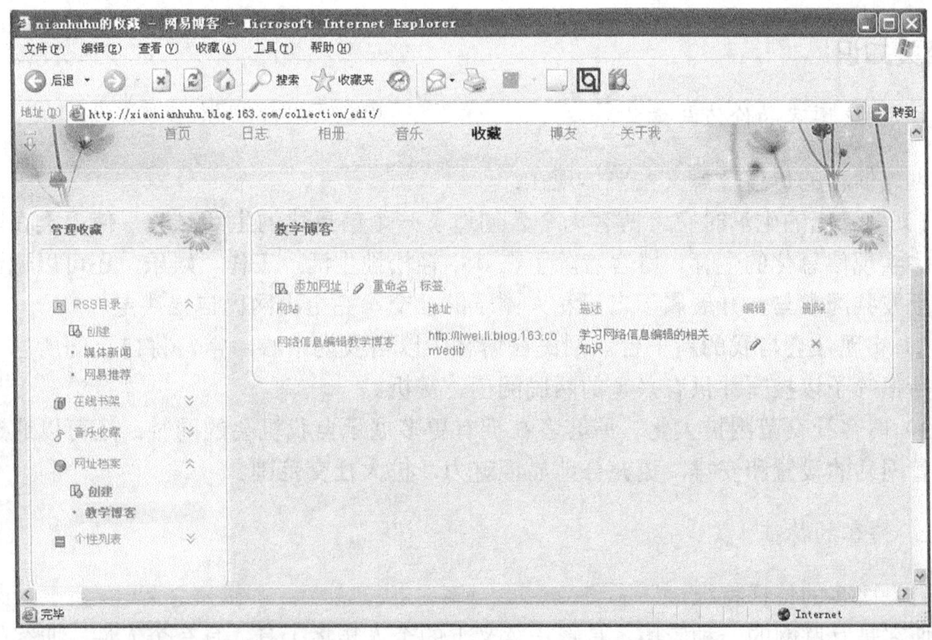

图 6-33　网易网-添加网址后的页面

（5）博客管理

单击图 6-29 博客页面最上端的“博客管理”，进入图 6-34 所示的博客管理页面，可以进行资料、风格、权限、博友等的管理。

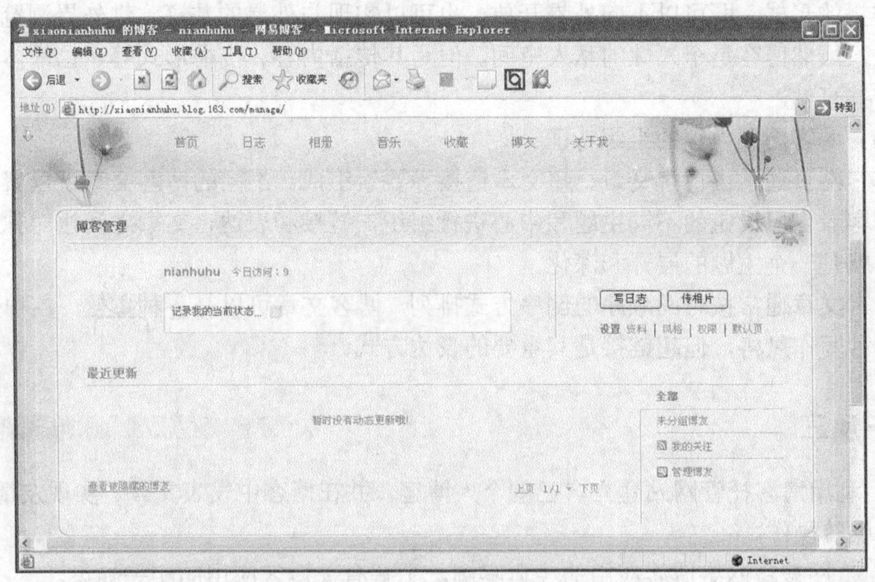

图 6-34　网易网-博客管理页面

相关知识

1. 网络博客的价值与意义

网络博客的价值及意义主要体现在：

1）信息化的生活时空。博客为个人创造了一个信息化的生活时空，使人类在网络社会中实现信息化的生存。博客者除了在其中轻松地生活、工作、娱乐，还可以邀请自己的朋友共同参与，开展属于自己私人圈子的社交，完全由网民自己决定。

2）实现社会自我的新平台。网民在博客中以自我为中心，常常将自己的所思、所想、所悟等予以披露并供有兴趣的网民阅读、赏析。

3）博客社交范围扩大化。博客者在拥有更多展示自我机会的同时，还可以通过博客托管网站的设置和安排，更充分地显现魅力，扩大社交范围。

2. 博客的特征

（1）博客的传播特征

博客是互联网的一种应用，是真正意义上的个人传播工具，具有个人性。博客的传播内容是一种以个人兴趣为出发点的个人行为。博客表现出了高度平民化的特征，任何个人只要通过网络，都可以建立自己的网络博客。

（2）博客的文化特征

博客是个人性和公共性的结合。网络博客传播的内容既可以是纯私人的，也可以是公共传播的形式，既可以不向外界开放，也可以实现与外界的共享，供外界浏览、链接和评论。虽然博客是个人性的私人空间，但是其传播内容、传播形式等，也都体现了公共性与共享性。

（3）博客网页内容的组织特征

博客网页通常由博客文章、超文本链接等要素组成。不同的博客文章可以聚焦、围绕由博客者自己设定的不同主题和中心进行组织、链接和表达，文章之间相对独立，文章本身就是一个主题的展开和深化。

博客文章通常按时间顺序的倒序方式排列。博客文章可以是各种主题、各种外观布局和各种写作风格，但超链接是其重要的表达方式。

举一反三

1）利用博客托管网站建立自己的个人博客，并在博客中发表文章、实现友情链接、文章转贴等操作。

2）上网搜集网络博客应用的经典案例，了解有关博客应用的相关知识。

3）利用博客与其他人进行交流和互动。

子任务5　管理网络论坛

子任务目标

- 了解网络论坛的特点及作用
- 理解网络论坛管理的原则
- 理解网络论坛管理的内容
- 掌握促进网络论坛发展的方法

1. 网络论坛管理规则

每一个网络论坛都有自己具体的管理规则，制定合理的论坛管理规则是非常重要的。在制定网络论坛管理规则时，应该让规则既有指导性，也有可操作性，并且尽量保证论坛管理尺度松紧适度。

一般说来，网络管理规则都包括 ID 管理、发帖内容管理、转贴文章的来源管理、关于版权问题的提醒等方面的内容。

2. 管理网络论坛

网络论坛管理的主要内容包括对论坛成员、帖子及主题的管理。

（1）对论坛成员的管理

1）论坛参与方式的管理。不同的论坛对于参与方式有不同的限制，有些论坛要求发言者都要注册，有些则无此限制。

2）成员注册。成员注册以获取网络 ID，是网站知晓与收集成员基本情况的一种基本手段。

3）警告。对发布不健康、不文明、含有歧视性或攻击性等内容的网友，需要及时出面予以提示、警告。

4）ID 的封杀与解禁。对于一些严重违反论坛条例的成员，网站管理者可以封杀其注册的 ID。大多数论坛会在一定时间后对封杀的 ID 解禁。

（2）论坛帖子的管理

1）扣贴。一些网站的论坛，在帖子发布前都会进行审查，论坛管理者可以扣发认为不适合发表的帖子。

2）删帖。有些帖子在内容或形式上不符合有关规定，论坛管理者有权予以删除。

3）帖子分级。论坛管理者可以将帖子分级，以区别对待不同长度或质量的帖子。

4）扶持重点帖子。论坛管理者可以将一些有价值的帖子或热帖放在论坛的显著位置，或网站的其他栏目中以示鼓励。

（3）论坛主题的管理

1）论坛主题要明确具体。让人一目了然的论题，才能让网友快速切中主题进入相关讨论。

2）论坛主题要具有现实性。人们总是更关心与自己和当前社会时事紧密相关的话题，因此，主题的选择可以结合重大或突发的事件、社会的热点问题或网民的关注点等，以便快速聚集人气。

3）主题要具有可讨论性。论题的本身应存在未来发展的潜力，已有明确结论的话题，则无法引起人们讨论的兴趣，太深奥的论题，则会容易陷入无人呼应的窘境。

3. 促进网络论坛的发展

1）努力营造和谐氛围，以增强论坛的感染力。论坛中应形成让每个网民都有宾至如归的感觉，都能畅所欲言的氛围，不能让少数人独霸论坛。一旦在表达和交流的过程中出现违规行为，管理者应及时而坚决地予以制止。

2）采取一定的激励机制，以增强论坛的凝聚力。为了保证和鼓动成员能够积极参与论坛讨论，论坛的组织者可以采取一定的措施。积分制是当前许多网络论坛常用的方法，网站一般会根据一个帖子的点击次数和回帖数量来奖励帖子的创作者，即给予相应的分数。

3）突出论坛成员的作用，以增强论坛的亲和力。在节日或成员生日等重要日子，可以为成员送上电子贺卡或其他形式的祝福，使成员进一步感受到来自论坛的关切与温暖。

4）通过论坛组织活动，以增强论坛的活力。成员通过论坛举办一些网上或网下的活动，如组织嘉宾与网友的交流，组织网友间的联谊等，这些活动只要是有益的和健康的，版主和管理员都应给与肯定和鼓励，并在网上进行大力宣传。形式多样的活动，不仅可以丰富网友的业余生活，增加网友间的友谊，而且还可以扩大论坛的影响，从而增强论坛的活力。

相关知识

1. 网络论坛的作用

网络论坛又名 BBS，是一种交互性强、内容丰富、即时的 Internet 电子信息服务系统。论坛按不同的主题分为许多板块，依据大多数用户的要求和喜好设计版面，用户可以阅读别人关于某个主题的看法，也可以发表自己的意见。

1）网络论坛是网民表达意见的一个主要渠道。由于网络媒体的交互性，使得网络论坛成为网民在网络社会表现与表达自己存在和个体意见的平台与渠道。

2）网络论坛提供了一种汇聚个体意见的方式。人们在论坛中可以就某个新闻事件发表自己的看法，从而使得个体意见在短时间和具体区域中，能以电子方式、论坛辩论、

主题阐述中得到迅速聚集，并以此汇合为一定的公众意见，而形成对新闻事件的进展与结局产生重要影响的社会舆论。

3）网络论坛是一个重要的人际交流的场所。人类需要表达意见、交流思想，而 BBS 为网民咨询信息、结交朋友提供了平台。

2. 网络论坛的特点

1）交互性。登录 BBS 的网民能看到别人对某一问题的讨论，也能主动参与的讨论。在网络论坛中，当一个议题提出后，所有网友都可发表自己的见解，参与讨论。

2）匿名性。登录 BBS 的网民可以隐匿自己的真实身份，使用昵称、代号或匿名身份出现，从而给网民带来了更大的言论空间。

3）平等性。登录 BBS 的网民在言论、权限上是平等的。网络论坛提供了新闻和言论的最大自由度，使得信息不再是由少数人垄断的稀有资源和制造的过程，网民可以进行平等的交流，而不用顾及对方的地位身份。

4）话题广泛。由于网民来源于不同的工作领域、不同年龄阶段、不同的教育或社会层次等，从而使得其言论、观点、意见纷杂。角度、立场的不同，加之思维走向与言语形式、写作风格等的不同，造就了网络论坛纷杂的局面及意见观点的多元化，有助于决策者从中了解民意与舆情。

举一反三

1）浏览人民网论坛、新浪论坛、搜狐论坛等的管理规则，从中得到哪些启示？

2）上网观察某个网站论坛版主对论坛的管理，并跟踪论坛中一个网友的活动。

3）利用网络论坛来策划一次活动，要求撰写网络论坛活动策划的方案。

任务总结

本章以一个网络互动的任务介绍了网络问卷调查、即时通讯工具、电子邮件、网络博客及网络论坛的相关知识。

网络问卷调查的形式主要有投票式、组合形式、完整问卷三种形式。网络问卷一般包括前言、主体和结束语三个部分。设计网络调查问卷应遵循明确性、逻辑性、普遍性，便于整理统计与分析等原则。实施网络问卷调查的步骤包括明确调查目的，确定网络问卷的形式，合理设计调查问卷，实施网络调查，调查数据处理与分析，调查结果的利用等。

即时通讯工具已成为网民最常用的网络工具，目前常用的即时通讯工具软件主要有腾讯 QQ、移动飞信、微软 MSN 等，其主要功能包括文字聊天、传送和接收文件、语音聊天、视频聊天、电子邮件、发送短信、浏览咨询、在线游戏等。

电子邮件是网络的主要应用之一，具有价格低、速度快、可传送多媒体信息、可将同一邮件同时转发给多个收件人等特点。

网络博客的价值与意义体现在信息化的生活时空、实现社会自我的新平台、博客社交范围扩大化等方面。博客按照其存在方式可分为个人网站型博客、托管博客和附属博客，其中建立博客最方便的方式就是利用博客托管网站注册博客。

对网络论坛进行管理时，主要包括对论坛成员的管理、论题的管理、论坛活动的组织等。网络论坛的管理者既要制定网络论坛管理规则对论坛进行管理，又要想方设法地采取一些灵活的方式促进论坛的发展。

练　习　题

一、单项选择题

1．设计调查方案的前提和基础是（　　）。

A．明确调查内容　　B．确定调查方式

C．科学设计问卷　　D．确定调查对象

2．只设一个问题进行调查，列出若干个备选答案供网民选择，这种调查方式是（　　）。

A．邮件调查　　B．投票式调查　　C．选择式调查　　D．问卷式调查

3．下列不属于网络调查问卷发放位置的是（　　）。

A．BBS 页面　　B．网站首页

C．网站引导页　　D．栏目或频道首页

4．决定问卷调查的成功与否的重要环节是（　　）。

A．确定调查对象　　B．确定调查方式

C．设计调查问卷　　D．确定问卷投放的位置

5．目前已成为国内用户最多的个人即时通讯工具的是（　　）。

A．微软 MSN　　B．腾讯 QQ　　C．新浪 UC　　D．雅虎通

6．微软的 MSN 登录名是（　　）。

A．字母　　B．汉字　　C．数字　　D．电子邮件地址

7．在电子邮件地址 ses123@hotmail.com 中，代表主机名的是（　　）。

A．ses123　　B．hotmail　　C．com　　D．hotmail.com

8．互联网平台上的个人信息交流中心是（　　）。

A．聊天室　　B．论坛　　C．博客　　D．电子邮件

9．以下属于专门的收发电子邮件软件的是（　　）。

A．Internet Explorer　　B．Outlook Express

C．Windows Messenger　　D．Adobe Reader

10．以下不适合作为网络论坛主题的是（　　）。

A．抽象的论题　　B．明确具体的论题

C．具有现实性的论题　　D．具有可讨论性的论题

二、简答题

1．网络受众调查有哪些特点？
2．网络受众调查的步骤有哪些？
3．网络问卷设计要点有哪些？
4．简述即时通讯工具的种类及特点。
5．简述电子邮件的组成。
6．网络博客有哪些类型？
7．简述网络博客的价值和意义。
8．托管博客提供的基本功能有哪些？
9．简述网络论坛的特点及作用。
10．论坛管理的主要内容有哪些？

任务7 制作网页

任务提出

现在需要小李将编辑修改的文字、收集的网络图片等素材，根据网站及频道、栏目的定位来制作网页，并进行日常的更新与维护。

任务分析

小李即将毕业，想找一份网络编辑的工作。要从事网络编辑的工作，首先应该对网络编辑职业情况有一个基本的了解，如网络编辑的职业概况、工作内容和职业要求等，因此，小李通过互联网开始搜集相关信息。

本次主要任务是设计和制作网页，利用模板来快速制作网页，并进行页面的日常维护。具体来说，本次任务涉及如下内容:

1）设计网页。为了设计和制作具有一定创意的网页，就要求小李掌握页面布局的形式和原则、网页色彩的搭配、网页导航设计等相关知识。

2）创建和制作网页。网页是www的基本文档，构成网页的元素包括文字、图片、动画、音频、视频等。因此，小李应在理解站点管理、超链接等概念的基础上，掌握网页制作、模板制作的基本方法。

3）对网页进行维护和更新。一个网站如果要始终保持对网民有足够的吸引力，一个行之有效的方法就是对网站的页面内容进行定期的更新和维护，这就要求小李了解网页更新与维护的相关知识。

任务分解

为了完成以上内容，可以把本任务分解成如下3个子任务:

子任务1：设计网页;

子任务2：制作网页;

子任务3：上传下载、更新及维护网页。

下面分别对这些任务的目标进行确认，并对任务的实施给予理论和实践指导。

子任务1 设计网页

子任务目标

- 了解网页布局的形式及特点
- 了解网页的组织结构形式及特点
- 理解网页设计的原则
- 理解网页色彩设计的原则和技巧
- 掌握网页制作软件 Dreamweaver 的基本操作

1. 设计网页布局的形式

（1）T 型结构形式

T 型结构形式，页面顶部为网站的标志、广告条、主菜单等，右侧或左侧一侧有一列边栏，然后左侧或右侧是很宽的正文，如新华网的首页。这种布局形式的页面结构清晰，主次分明。

（2）门型布局形式

门型布局形式，页面最上边是网站的标题以及横幅广告条，接下来就是网站的主要内容，左右分列一些小条内容，中间是主要部分，最下边是网站的一些基本信息、联系方式、版权声明等，如搜狐网的首页。这种布局形式充分利用了版面，信息量大，但页面往往比较拥挤，不够灵活。

（3）川型或三型布局形式

川型布局形式，页面被垂直划分为若干栏，一般分为三栏或四栏，在页面的顶部是标志栏或广告栏等，如图 7-1 所示的中国新闻网的首页。

三型布局形式的页面被水平划分为若干栏，色块中大多放广告条。

（4）POP 布局形式

POP 布局形式，如图 7-2 所示的思科中国网站首页，页面大部分内容为精美的平面设计和一些小的动画，采用了 Flash 动画形式作为页面的设计中心。

图 7-1　中国新闻网的首页

图 7-2　思科中国网站的首页

2. 确定网页色彩

（1）色彩的象征含义

在网页设计中，应根据平衡谐调、重点突出、简洁清晰等原则，将不同的色彩进行组合、搭配来构成视觉舒适的页面。色彩代表了不同的情感，有着不同的象征含义。

1）红色代表热情、活泼、温暖、幸福、吉祥。

2）黄色代表明朗、愉快、高贵、希望。

3）绿色代表新鲜、平静、和平、柔和、安逸、青春。

4）紫色代表优雅、高贵、魅力、高傲。

5）白色代表纯洁、纯真、朴素、神圣、明快。

6）蓝色代表深远、永恒、沉静、理智、诚实、寒冷。

7）黑色代表崇高、坚实、严肃、刚健。

8）灰色代表忧郁、消极、谦虚、平凡、沉默、寂寞。

（2）网页色彩搭配的技巧

在进行网页色彩设计时，切记不要将所有的颜色都用到。色彩搭配的技巧有四点：

1）运用相同色系色彩；

2）运用对比色和互补色；

3）使用过渡色；

4）背景和文字的对比要尽量大。

在网页设计中主要内容文字通常采用黑色，而边框、背景、图像则用彩色。

3. 设计网页导航

简洁、准确的导航可以给浏览者浏览网站带来很多方便。

（1）导航的内容

导航的内容应该能够传达主要的信息。在选择导航的内容时，应避免采用过长的文字（整行、整句）或过短的文字（如单个字）。

（2）导航的层次

清晰的导航应该做到使浏览者进入目的页的点击次数一般不超过3次。

可以将篇幅过长的文档分隔成数篇较小的页面，增加界面的亲和性。在导航的设计上，每一个网页都提供类似“上一页”、“下一页”、“返回”等这样的导航按钮或超链接，并且尽可能地标明此页、上一页、下一页文档的标题或内容梗概，及时提醒浏览者所处的文档位置。

（3）导航的色彩搭配

通过更改超链接和纯文字的颜色来丰富网页的色彩。网页的主要目的是为了传达信息，因此，将网页中的文字和超链接设计成简洁素雅的色调，这样更易于阅读。

（4）导航的可行性

不要将超链接链到未完成的页面上，或在一篇短文里提供太多的超链接。

相关知识

网页版式设计的原则

在进行网页的版式设计时，需要遵守以下原则：

1）重点突出。通常将一些重要的内容放置在屏幕的中央或中间偏上的位置处，那些次要的内容可以放置在视觉中心以外的位置。

2）平衡谐调。要充分考虑受众视觉的接受度，和谐地运用页面色块、颜色、文字、图片等，力求达到一种稳定、诚实、信赖的页面效果。

3）图文并茂。要注意文字与图片的和谐统一。文字与图片互为衬托，既能活跃页面，又能丰富页面内容。

4）简洁清晰。网页内容的编排要便于阅读。通过使用醒目的标题，限制所用的字体和颜色的数目，来保持版面的简洁。

举一反三

1）浏览网易、新华网、阿里巴巴等网站的首页，分析他们所采用的网页版面布局的形式。

2）浏览新浪网、人民网、戴尔等网站的首页，对比其运用色调的不同。

3）对将要制作的网站进行页面色彩、布局形式、内容安排等设计（自选网站主题）。

子任务2　制 作 网 页

子任务目标

- 了解 Dreamweaver 的工作环境、特点及功能
- 理解站点、站点管理、网页布局、模板等概念
- 掌握在网页中插入文本、水平线、图像、超链接、Flash 动画等的方法
- 掌握创建和应用模板的方法

1. 了解工作环境

启动 Adobe Dreamweaver CS3，新建文档后进入其工作界面，如图 7-3 所示。

（1）菜单栏

Dreamweaver CS3 的菜单栏包括文件、编辑、查看、插入记录、修改、文本、命令、站点、窗口、帮助等项目，每一个菜单项可以实现一类操作。

（2）插入栏

插入栏中包含了许多能够添加到页面的对象或元素，这些对象和元素根据不同的类型被划分为常用、布局、表单、数据、Spry、文本和收藏夹 7 个组，默认情况下是“常用”插入栏。

（3）文档窗口

在文档窗口可进行多种 Web 页面元素的插入、修改和删除等操作。文档窗口主要有以下显示状态：

1）代码状态：显示网页的 HTML 源代码，可以直接进行代码的输入或修改。

2）拆分状态：窗口一分为二，上半部编辑源代码，下半部进行网页的制作。

3）设计状态：全部窗口用于网页的制作。

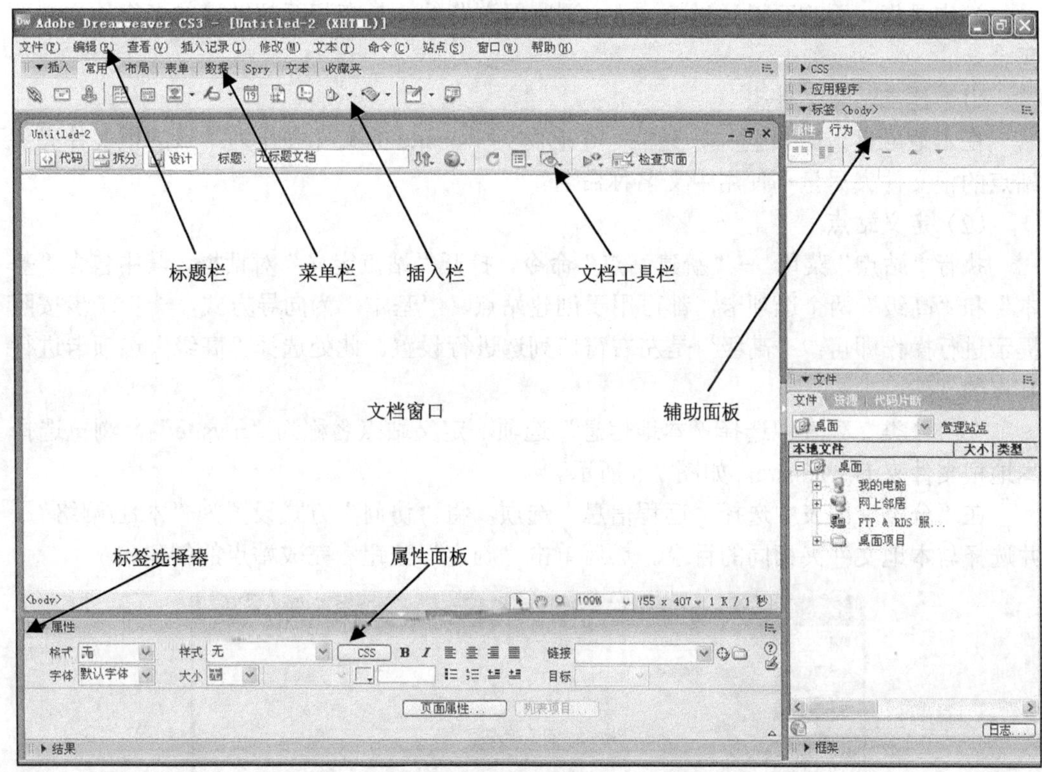

图 7-3 Dreamweaver 的工作界面

（4）属性面板

属性面板位于文档窗口的下方，使用属性面板可以查看和修改页面上被选中对象的属性，他会随选中对象的不同而发生变化，图 7-4 为文本对象的属性面板。

图 7-4 文本对象的属性面板

（5）辅助面板

辅助面板通常位于文档窗口的右侧，每个面板组都可以折叠或展开。通过选择“窗口”菜单中的各选项来打开相应的辅助面板，拖动各辅助面板左上角的图标可以移动其位置。

2. 建立站点

站点是指一系列可以通过 Internet 浏览器浏览的，具有相互超链接的多媒体文档的集合。

（1）建立站点文件夹

在本地磁盘，如 D 盘中，建立一个名称为 website 的文件夹作为站点的根文件夹。站点的根文件夹尽量不使用中文名称命名。

（2）定义站点

执行“站点”菜单 →“新建站点”命令，打开“站点定义”对话框，其中包含“基本”和“高级”两个选项卡，都可用于创建站点。“基本”为向导方式，一步一步按照提示进行操作即可；“高级”是左右窗口列选进行设置。此处选择“高级”选项卡进行站点的创建。

在“分类”列表中选择“本地信息”选项，定义站点名称为“mysite”，浏览选择本地根文件夹 D:\website，如图 7-5 所示。

在“分类”列表中选择“远程信息”选项，将“访问”方式设置为“本地/网络”，并选择与本地文件夹相同的目录。然后单击“确定”按钮，完成站点的创建。

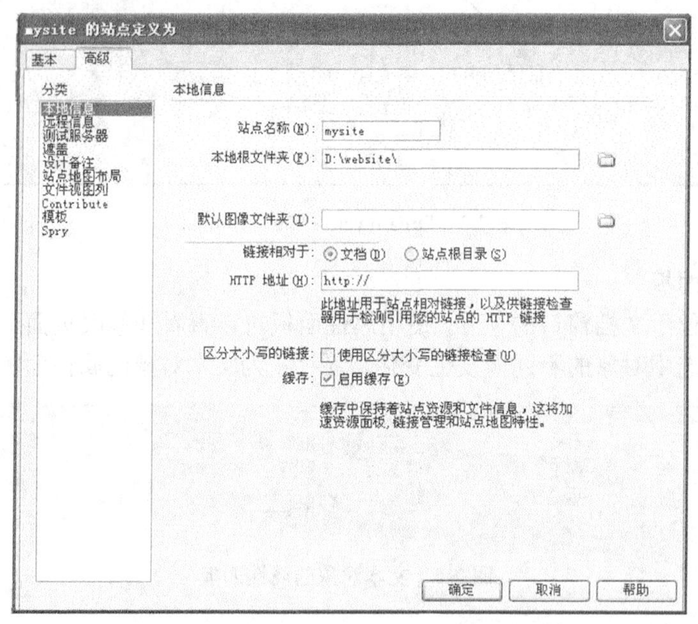

图 7-5 定义站点-本地信息选项的设置

（3）修改站点

如果需要修改站点的设置，执行“站点”菜单→“管理站点”命令，打开图 7-6 所示的“管理站点”对话框，单击“编辑”按钮，进行相应的修改即可。

3. 创建与保存文档

图 7-6 “管理站点”对话框

新建一个名为 jzg.html 的页面文件。

（1）创建页面文档

执行“文件”菜单 →“新建”命令或按 Ctrl+N 组合键，可弹出图 7-7 所示的“新建文档”对话框。在“页面类型”列表中选择“HTML”选项，然后单击“创建”按钮，即可创建一个页面文件。

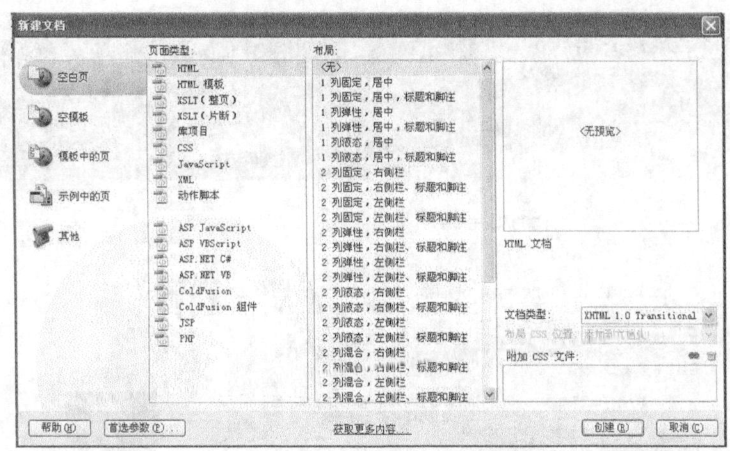

图 7-7 “新建文档”对话框

（2）设置页面属性

执行“修改”菜单 →“页面属性”命令或单击属性面板中的“页面属性”按钮，都可打开“页面属性”对话框。设置页面的上、下、左、右边距均为 0，如图 7-8 所示；标题设置为“九寨沟风光无限好[图]”。

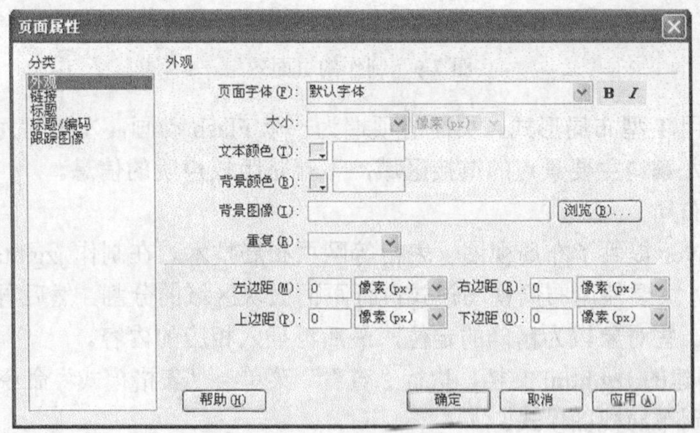

图 7-8 “页面属性”对话框

（3）页面的保存

执行“文件”菜单 →“保存”命令或按 Ctrl+S 组合键，在弹出的“另存为”对话框中，选择保存的途径为 D:\website，命名文件名为 jzg.html，然后单击“保存”按钮即可。

注意站点中的文件及文件夹尽量不要使用中文进行命名。

4. 制作网页

制作九寨沟风光欣赏页面，效果如图 7-9 所示。

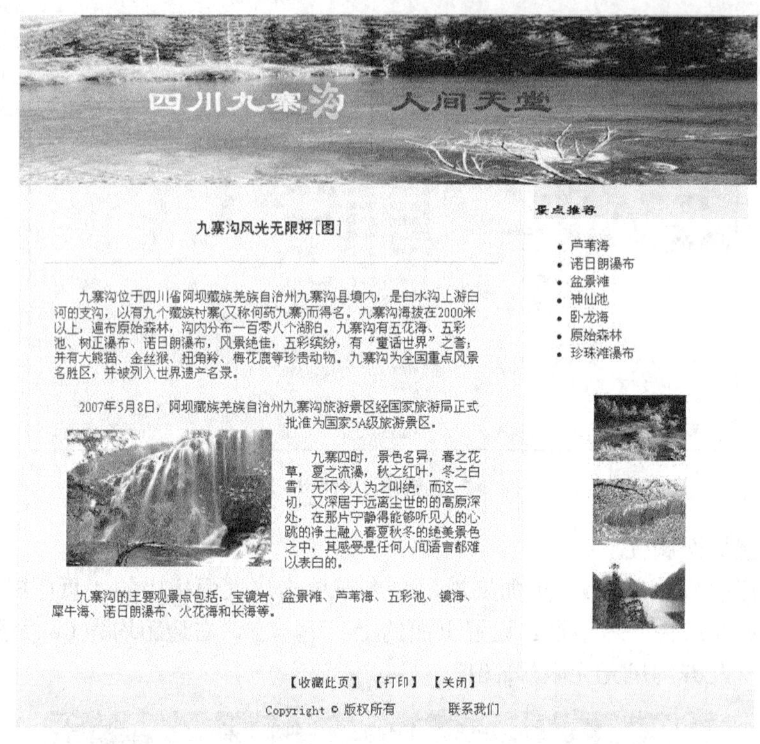

图 7-9 制作的页面效果

该页面采用 T 型布局形式，页面的顶端为一个 Flash 动画，左侧为九寨沟风光介绍区域，右侧为九寨沟主要景点的链接区域，下端是版权声明的信息。

（1）页面布局

Dreamweaver 提供了布局视图、表格等网页布局技术。在制作 jzg.html 页面时，先进行页面布局，主要使用布局视图模式进行页面大块区域的分割，然后再使用标准视图中的表格进行一些对象较为精确的定位，最后再插入相应的内容。

1）打开创建的 jzg.html 文档，执行“查看”菜单→“表格模式”命令，或按 Alt+F6 组合键，切换到布局视图模式。

说明：Dreamweaver 提供了标准、扩展和布局三种视图模式，Dreamweaver 的某些功能只能在某一种视图模式下使用，如绘制 AP 元素图标、表格图标等，在标准视图模式下有效，而在布局视图模式下无效；布局表格图标、布局单元格图标等，在布局视图模式下有效，而在标准视图模式下无效。

2）使用图 7-10 所示的“布局”插入栏中的布局表格图标，分别绘制四个宽度均为 800 像素（px）的表格。

图 7-10 布局插入栏

在每个表格的属性面板中设置其高度，第一个表格的高度为 180px，第三个表格高度为 25px，第四个表格高度为 35px，第二个表格的高度现在暂不设定，他会随着内容的添加而改变。第一个表格的属性面板设置如图 7-11 所示，布局效果如图 7-12 所示，默认设置下，布局表格以灰色显示，顶端有一个标签。

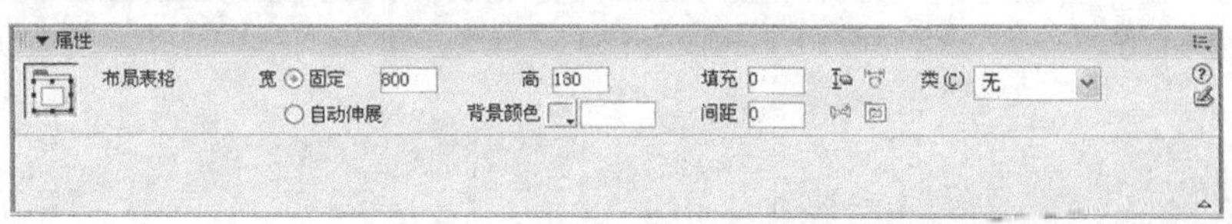

图 7-11 布局表格的属性面板

图 7-12 绘制布局表格的效果

3）使用“布局”插入栏中的布局单元格图标，依次在各布局表格中绘制布局单元格。

在单元格的属性面板中设置单元格的宽度，将第二个布局表格中绘制的两个布局单元格宽度分别为 550px、250px。左侧单元格的属性面板设置如图 7-13 所示，此时的布局效果如图 7-14 所示。在默认设置下，布局单元格以白色显示，当鼠标指针移动到布

局单元格边框时会变成红色，单击可以选择此布局单元格，选中后布局单元格边框变为蓝色，并显示控制柄。

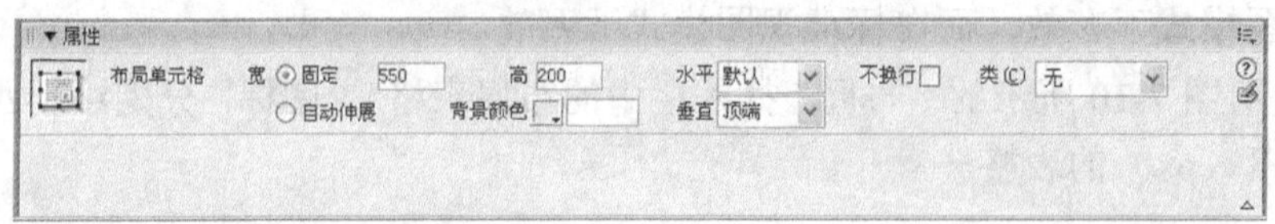

图 7-13　布局单元格的属性面板

4）单击“布局”插入栏中的标准模式 标准 图标，切换到标准视图模式。

5）分别选中四个表格，在其属性面板中设置为居中对齐。将第二行左侧单元格的背景颜色设置为浅蓝色，第三行的单元格背景颜色设置为蓝色，第四行的单元格背景颜色设置为浅灰色。第一行表格的属性面板设置如图 7-15 所示，第二行左侧单元格的属性面板设置如图 7-16 所示，此时的布局效果如图 7-17 所示。

图 7-14　绘制布局单元格的效果

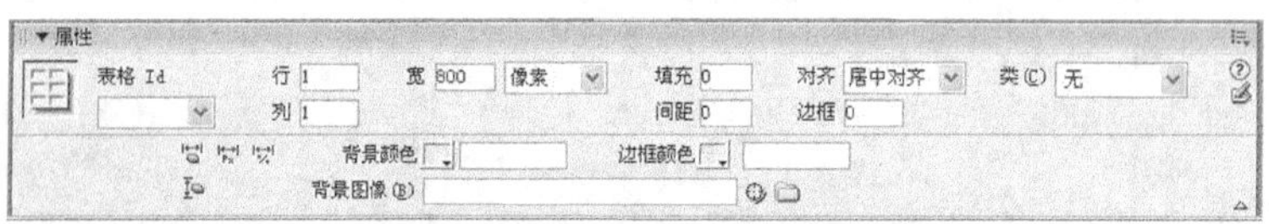

图 7-15　表格的属性面板

图 7-16　单元格的属性面板

图 7-17　设置背景颜色后的布局效果

6）将光标定位在第二行右侧的单元格中，执行“插入记录”菜单 →“表格”命令，或单击图 7-18 所示的“常用”插入栏中的表格图标，弹出“表格”对话框。设置为三行一列、宽度 230px，插入的表格属性设置如图 7-19 所示。

图 7-18　常用插入栏

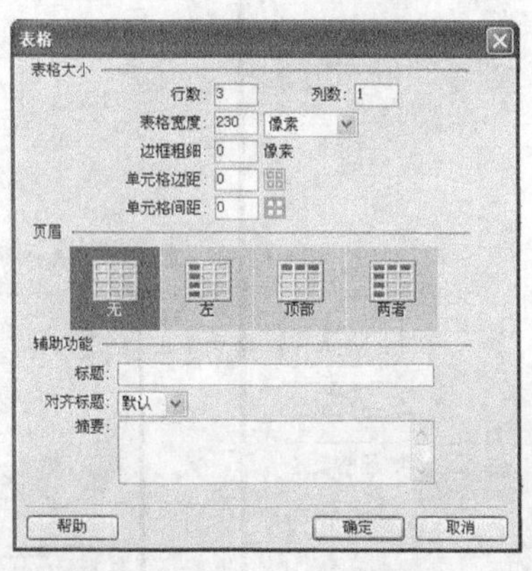

图 7-19　“表格”对话框

选中三行一列的表格，在其属性面板中将其设置为居中对齐，将第一行单元格的背景颜色设置为蓝色，此时的布局效果如图 7-20 所示。

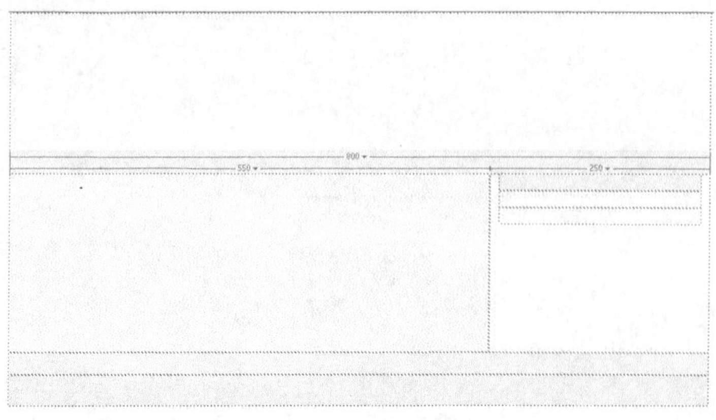

图 7-20 插入表格后的布局效果

（2）添加内容

1）插入 Flash 动画。光标定位在第一行的单元格中，执行“插入记录”菜单 →“媒体”→“Flash”命令，或单击“常用”插入栏中的媒体图标下拉菜单中的 Flash 图标，在弹出的“选择文件”对话框中选择要插入的 Flash 动画文件，如图 7-21 所示。然后单击“确定”按钮，如果选择的文件不在站点文件夹中，则弹出图 7-22 所示的提示信息，将该文件复制到站点文件夹中即可。

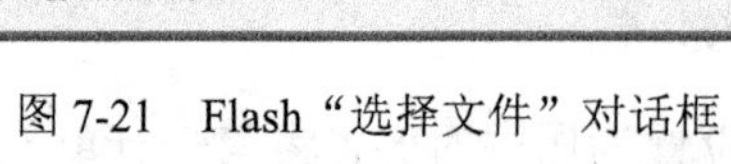

图 7-21 Flash“选择文件”对话框

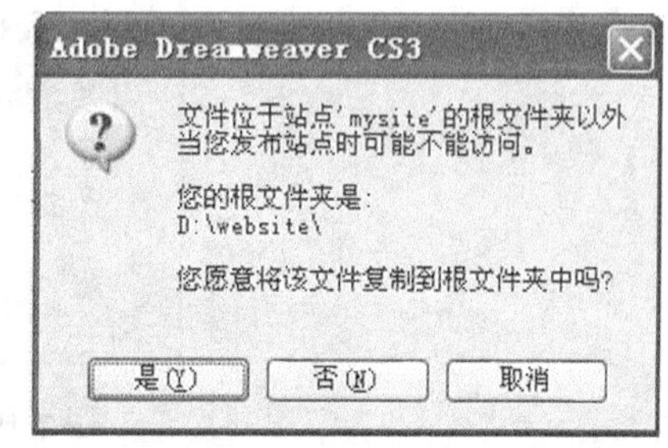

图 7-22 将文件复制到根文件夹中的提示信息

注意在网页中插入的 Flash 动画文件为.swf 格式。

2）插入文本。将光标定位在第二行左侧的单元格中，先按 Enter 键，再输入标题文字“九寨沟风光无限好[图]”，在其属性面板中设置为黑体、16px、深蓝色、居中对齐。

如果在属性面板的“字体”属性下拉列表中没有所需要的字体类型，则需要手动添加，操作过程如下：

先单击文本属性面板“字体”属性下拉列表中的“编辑字体列表”选项，弹出“编辑字体列表”对话框，在“可用字体”列表框中选择所要的字体，单击图标，将其加入到左边的“选择的字体”列表框中，如图7-23所示；再单击图标将其加入到上边的“字体列表”框中；利用、图标调整新加字体的顺序；然后单击“确定”按钮即可。

图 7-23 “编辑字体列表”对话框

3）插入水平线。将光标放置在标题文字的后面，执行“插入记录”菜单 →“HTML”→“水平线”命令，在标题文字的下方插入一条水平线，在其属性面板中设置宽度为90%、高度为1px，如图7-24所示。

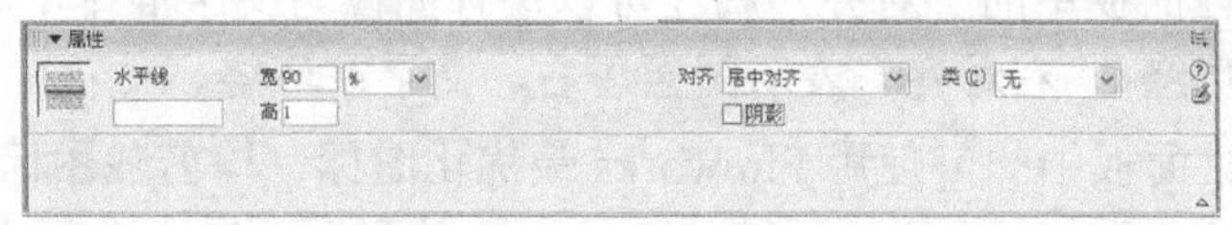

图 7-24 水平线的属性面板

单击水平线属性面板中的代码编辑窗口图标，弹出编辑代码窗口，如图7-25所示。将光标移到 noshade=“noshade”与“/>”中间，按一下 Space（空格键），并将光标放置在空格与箭头之间1秒钟，会弹出水平线的属性列表。双击 color 后，在“”之间输入#999999（表示深灰色）。

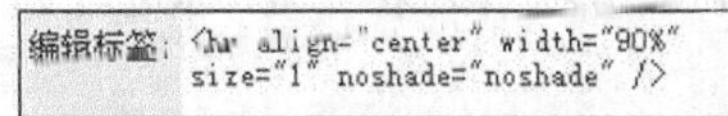

图 7-25 水平线编辑代码窗口

4）将光标定位在水平线下方一行的左侧，在其属性面板中单击文本缩进图标，然后输入正文内容，并将其设置为宋体、14px、黑色、两端对齐。

在西文输入法状态下，使用 Ctrl+Shift+Space 组合键；或在中文输入法的全角状态下，使用 Space 键，均可在每个段落前插入空格。此时的页面效果如图7-26所示。

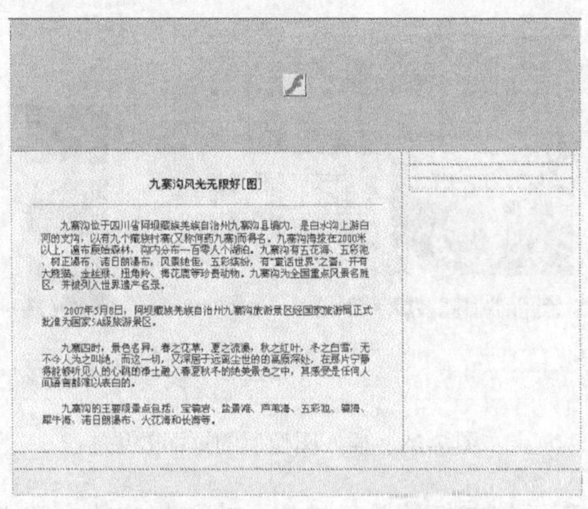

图 7-26 插入文本后的页面效果

5）插入图像。将光标定位在正文第二段的开始处，执行“插入记录”菜单 →“图像”命令，或单击“常用”插入栏中的图像图标，在弹出的“选择图像源文件”对话框中选择所需要的图像，即可在网页中插入图像。

选中图像，在其属性面板中调整图像的大小，设置左对齐、水平边距和垂直边距各为15px，替代文本为“九寨沟风光”，图像属性面板的设置如图7-27所示。

图 7-27　图像的属性面板

利用图像属性面板中的“对齐”属性可以进行图像与文字混排，“左对齐”表示图像居左，文字右环绕；“右对齐”表示图像居右，文字左环绕。

利用图像属性面板中的使用Fireworks最优化图标、剪裁图标、重新取样图标、亮度和对比度图标、锐化图标，可以直接对图像进行编辑和处理。

6）将光标放置在第二行右侧单元格的第一行中，输入文本“景点推荐”，其属性设置为隶书、16px、粗体。

在第二行单元格中输入文字内容“芦苇海”、“诺日朗瀑布”、“盆景滩”、“神仙池”、“卧龙海”、“原始森林”、“珍珠滩瀑布”，在其属性面板中单击项目列表图标进行列表操作。

然后在三行一列表格的最后一行中插入三幅小图像，此时的效果如图7-28所示。

图 7-28　插入图像后的页面效果

7）将光标放置在页面第三行的单元格中，输入相应的内容“【收藏此页】”、“【打

印】”、“【关闭】”，设置为黑体、14px、黑色、水平居中和垂直居中对齐。

8）将光标放置在页面最后一行的单元格中，输入版权信息及联系信息“Copyright © 版权所有　联系我们”，设置为宋体、14px、黑色、水平居中和垂直居中对齐。

插入版权特殊字符©的方法为：在图7-29所示的“文本”插入栏中，单击右侧的下拉箭头，从弹出的菜单选项中选择“©”符号即可。

9）页面制作完成后，按F12键在浏览器中预览效果，如图7-9所示。

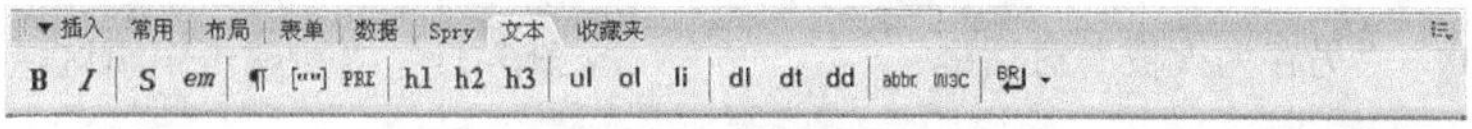

图7-29　文本插入栏

5. 建立和应用模板

模板是由可编辑区域和不可编辑区域组成的。模板技术的原理是：将常用的页面对象制作成模板并保存，在此模板页中留出可编辑制作的区域，以便插入新的内容。

应用模板技术将有助于页面风格的统一，便于页面的更新。只要更改模板即可使整个网站采用相同模板的页面都改变，便于快速制作网页，仅需要在可编辑区域中插入相应的内容，保存后就可创建一个基于模板的页面文件。

（1）创建模板

将jzg.html保存为模板，并应用此模板创建“推荐景点”中的景点介绍页面。

1）另存为模板文件。打开jzg.html页面文件，执行“文件”菜单→“另存为模板”命令，弹出图7-30所示的“另存为模板”对话框。

在“现存的模板”列表框中会显示出该站点中已定义的模板，由于mysite站点中还没有定义任何模板，所以此时显示没有模板。“另存为”文本框中是新建模板的名称，默认值是当前页面的文件名。设置好名称“moban”后单击“保存”按钮，会弹出是否更新链接的提示信息，单击“确定”按钮即可保存模板了。

Dreamweaver会自动在站点根下创建一个名为Templates的文件夹，并将创建的模板文件以扩展名dwt保存，即moban.dwt。

2）创建可编辑的区域。在moban.dwt文件中，先将页面第二行左侧单元格中的内容删除；再执行“插入记录”菜单→“模板对象”→“可编辑区域”命令，或单击“常用”插入栏模板图标中的插入可编辑区图标，弹出“新建可编辑区域”对话框，在“名称”文本框中输入可编辑区域的名称bianji1，如图7-31所示；然后单击“确定”按钮，这样就新建了一个名为bianji1的可编辑区，如图7-32所示。

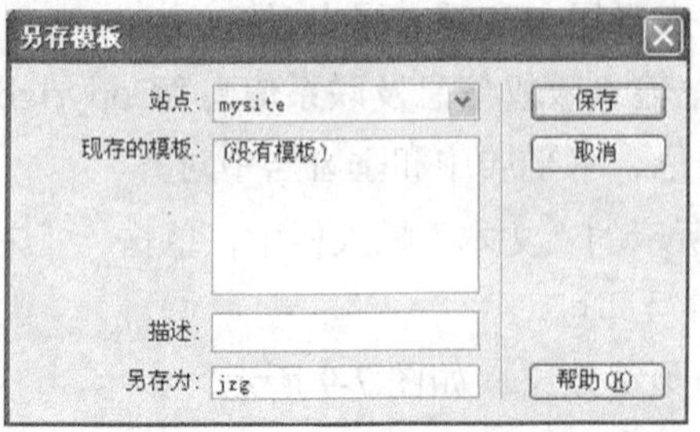

图 7-30 “另存为模板”对话框

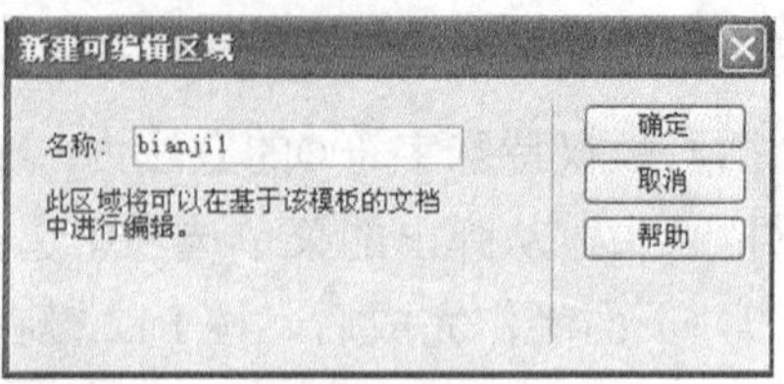

图 7-31 “新建可编辑区域”对话框

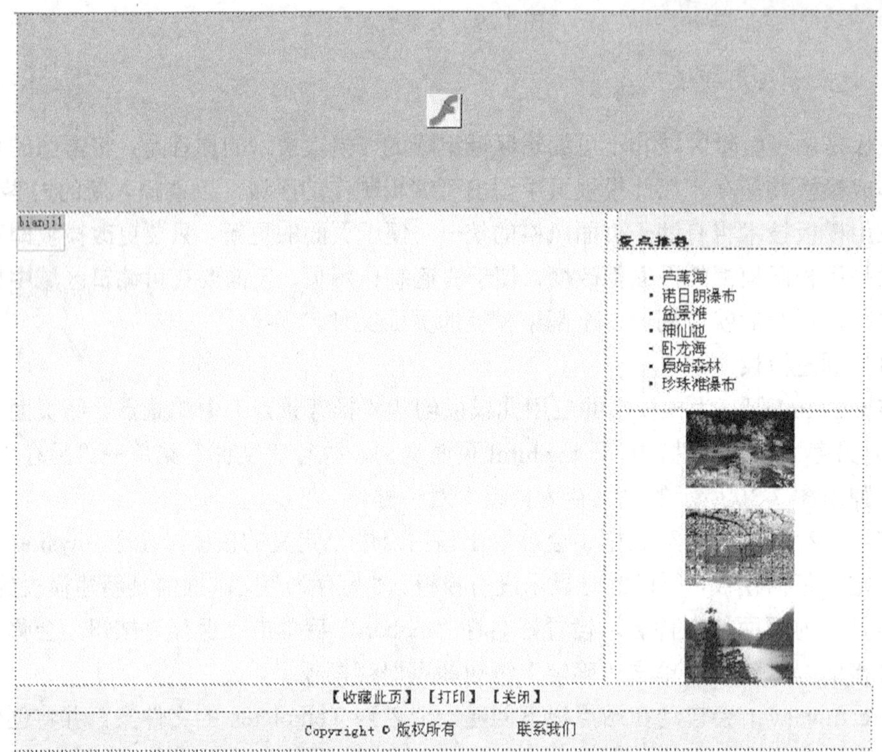

图 7-32 定义可编辑区域后的页面效果

（2）应用模板

1）关闭 moban.dwt 文件。

2）执行“文件”菜单→“新建”命令，打开“新建文档”对话框，选择“模板中的页”选项，如图 7-33 所示。

在“新建文档”对话框中，左侧是站点列表，中间列出所选站点的模板文件，右侧为选中模板的预览效果。选中所需的模板后，单击“创建”按钮即可新建一个基于该模板的文档。

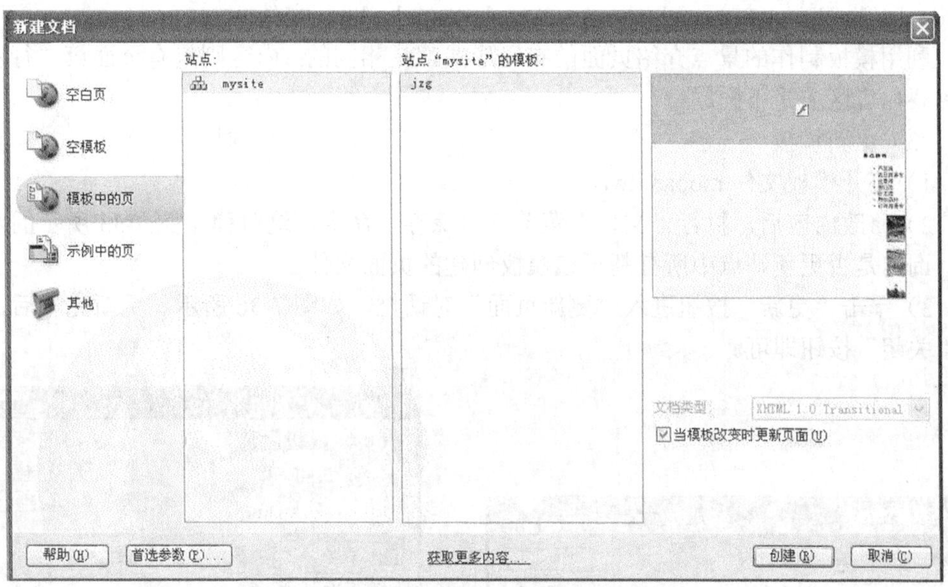

图 7-33　从模板创建新页面

3）在可编辑区域添加所需要的内容，如图 7-34 所示。除了可编辑区域，其他区域都是不可编辑的。

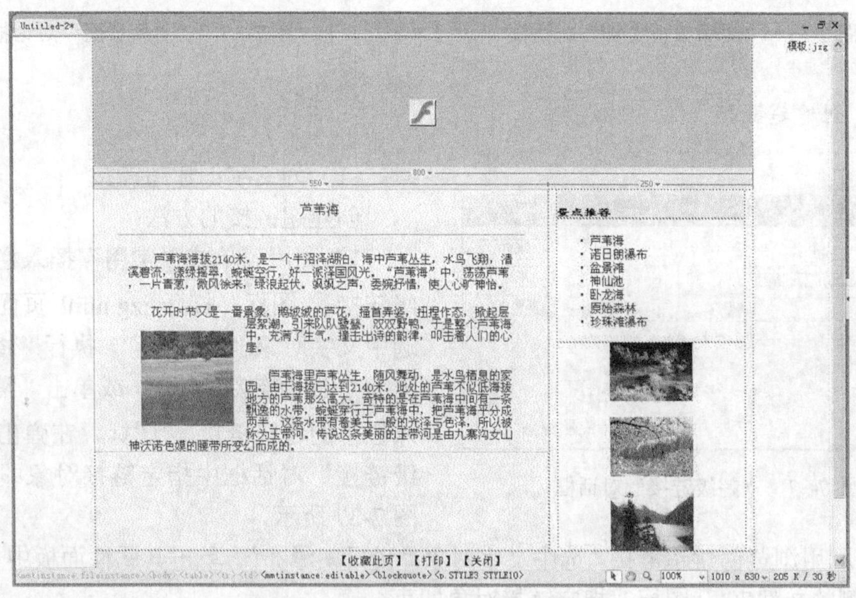

图 7-34　在可编辑区域中添加内容

4）编辑后保存文档 luweihai.html 即可。

按照上述方法，利用模板制作 nuorilangpubu.html、penjingtan.html、shenxianchi.html、 wolonghai.html、yuanshisenlin.html、zhenzhutanpubu.html 文件。

利用模板制作的景点介绍页面的布局形式都是相同的，内容则只有页面第二行左侧的主要内容区域是不同的。

（3）更新模板

1）打开模板文件 moban.dwt。

2）修改内容后，执行“文件”菜单→“保存”命令，这时弹出图 7-35 所示的对话框，询问是否更新站点中所有基于该模板创建的页面文件。

3）单击“更新”按钮进入“更新页面”对话框，如图 7-36 所示。更新完毕后，单击“关闭”按钮即可。

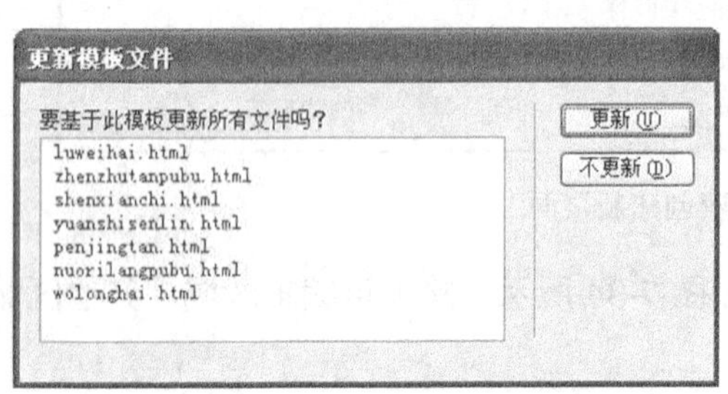

图 7-35　“更新模板文件”对话框

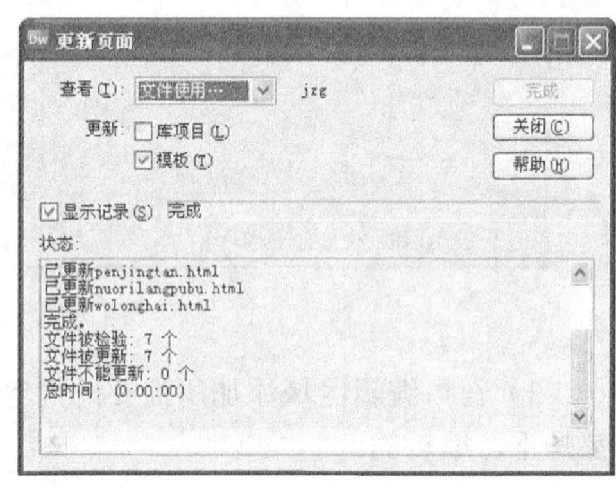

图 7-36　“更新页面”对话框

6. 创建超链接

（1）为文字创建超链接

创建超链接的方法：

1）利用菜单或“常用”插入栏中的超级链接图标。打开 jzg.html 页面文件，选中文字对象“芦苇海”，执行“修改”菜单→“创建链接”命令，或单击“常用”插入栏中的超级链接图标，在弹出的“超级链接”对话框中指定链接对象即可，如图 7-37 所示。

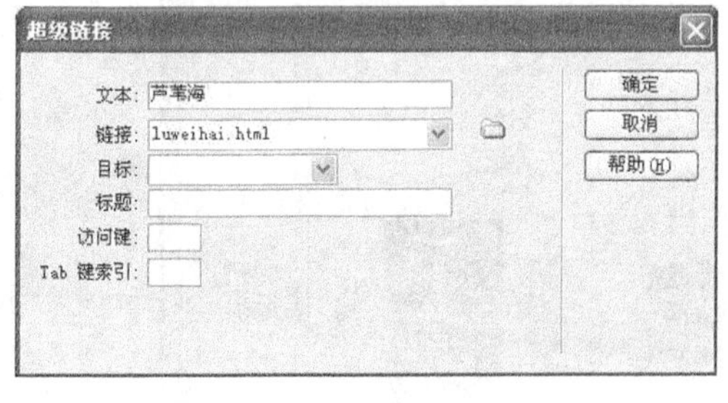

图 7-37　“超级链接”对话框

2）利用浏览创建超链接。选中文字对象“诺日朗瀑布”，单击其属性面板中“链接”属性右侧的文件夹图标，指定链接对象即可。

3）利用瞄准镜创建超链接。选中文字对象“盆景滩”，单击其属性面板中“链接”属性右侧的指向文件图标，指向文档窗口右侧文件面板中的链接目标文件即可。文件面板如图 7-38 所示。

4）直接输入链接的目标文件的路径和文件名。选中文字对象“收藏此页”，在其属性面板中的“链接”地址栏中直接输入“javascript:window.external.addFavorite('http://www.buueb.cn/website/jzg.html','九寨沟风光')”。

按照上述方法为“神仙池”、“卧龙海”、“原始森林”、“珍珠滩瀑布”分别创建超链接；为“打印”链接添加脚本“javascript:window.print()”；为“关闭”链接添加脚本“javascript:window.close()”。

▼文件
mysite
本地视图
本地文件
大小
类型
站点 - mysite (D...
文件夹
images
文件夹
pages
文件夹
Templates
文件夹
jzg.html
6KB HTML D...
luweihai.html
6KB HTML D...
nuorilangpub...
6KB HTML D...
penjingtan.html
6KB HTML D...
shenxianchi....
7KB HTML D...
wolonghai.html
6KB HTML D...
wolonghai.jpg
31KB JPG 文件
yuanshisenli...
6KB HTML D...
zhenzhutanpu...
6KB HTML D...
日期：2009-8-17 11:36
日志...

图 7-38　文件面板

（2）为图像创建链接

1）整幅图像的链接。在jzg.html页面文件中，选中右侧的一幅小图片，然后在其属性面板中设置链接的目标对象，具体操作方法与文字的超链接设置相同。

分别将其他两幅小图片链接到自己的目标文件上。

2）图像热点链接。利用图像属性面板中的矩形热点工具图标、椭圆热点工具图标、多边形热点工具图标，可以绘制图像热点。

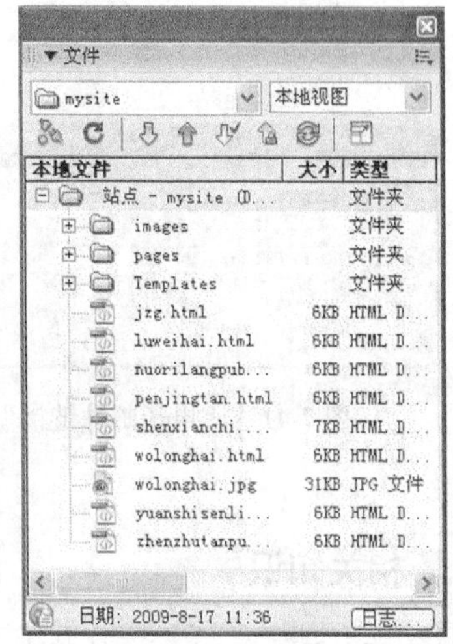

在jzg.html页面文件中，选中主要内容区域中的图像对象，在图像的属性面板中选择椭圆热点工具图标，绘制一个热点区域，如图7-39所示。选中热点，然后在热点属性面板中设置该图像热点对应的URL链接地址，如图7-40所示。

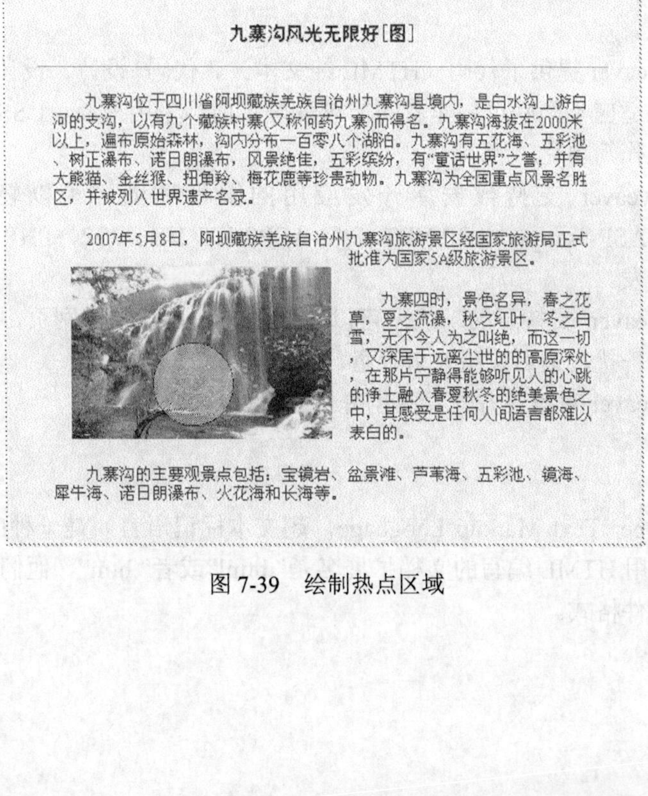

九寨沟风光无限好[图]
九寨沟位于四川省阿坝藏族羌族自治州九寨沟县境内，是白水沟上游白河的支沟，以有九个藏族村寨(又称何药九寨)而得名。九寨沟海拔在2000米以上，遍布原始森林，沟内分布一百零八个湖泊。九寨沟有五花海、五彩池、树正瀑布、诺日朗瀑布，风景绝佳，五彩缤纷，有“童话世界”之誉；并有大熊猫、金丝猴、扭角羚、梅花鹿等珍贵动物。九寨沟为全国重点风景名胜区，并被列入世界遗产名录。
2007年5月8日，阿坝藏族羌族自治州九寨沟旅游景区经国家旅游局正式批准为国家5A级旅游景区。
九寨四时，景色各异，春之花草，夏之流瀑，秋之红叶，冬之白雪，无不令人为之叫绝，而这一切，又深居于远离尘世的的高原深处，在那片宁静得能够听见人的心跳的净土融入春夏秋冬的绝美景色之中，其感受是任何人间语言都难以表白的。
九寨沟的主要观景点包括：宝镜岩、盆景滩、芦苇海、五彩池、镜海、犀牛海、诺日朗瀑布、火花海和长海等。

图 7-39　绘制热点区域

图 7-40　图像热点属性面板

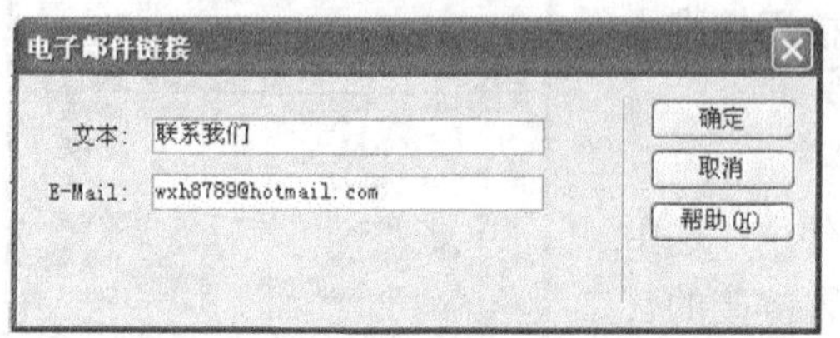

图 7-41　“电子邮件链接”对话框

（3）创建电子邮件链接

在 jzg.html 页面文件中，选中页面底端的文字对象“联系我们”，执行“插入记录”菜单→“电子邮件链接”命令，或单击“常用”插入栏中的电子邮件链接图标，在弹出的“电子邮件链接”对话框中进行相应的设置，如图 7-41 所示。

相关知识

1. Dreamweaver 的特点

Dreamweaver 是一款集可视化网页设计制作和网站管理于一身的网页编辑器和开发工具，利用他可以轻松地制作丰富多彩、充满动感的网页。Dreamweaver 具有以下特点：

1）Dreamweaver 支持本地、局域网内和 Web 远程的网站管理功能。在站点管理模式下，用户对网站内的页面修改、超链接更改或其他替换，Dreamweaver 将自动完成与之相关联的更改。

2）Dreamweaver 提供了代码（HTML 纯文本）、代码+设计、设计（页面）三种基本编辑模式，以适应不同网页制作者的需求爱好。而当采用模板、CSS 样式等技术后，可以使得制作工作简单化。

3）Dreamweaver 支持数据库开发应用的编程环境，可以轻松地建立基于 ASP-VBScript、ASP-Jscript、ASP.NET C#、ASP.NET VB、JSP、PHP 等编程语言的网站和商务应用开发。

4）Dreamweaver 支持层的功能，可以按照各层去设计制作网页，网页的对象安排在不同层上互不干扰，最后按照要求存盘。

5）Dreamweaver 对第三方开发商也提供了良好的支持。

2. HTML

HTML（Hyper Text Markup Language，超文本标记语言）是一种应用于 Web 页面的标记语言。使用 HTML 编写的文档扩展名是“.html”或者“.htm”，他们是一种可供浏览器解释显示的文件格式。

（1）HTML 标记的组成

在 HTML 中，使用标记来编写文件，标记需要放置在“< >”尖括号中，开始标记由< 标记名称 > 组成，如<head>；结束标记由< /标记名称 >组成，如</head>。标记分为单标记和双标记。

1）单标记：只有一个开始标记，用于说明一次性的指令，如
、<hr>等标记。

2）双标记：由开始标记和结束标记两部分构成，需要成对出现，如<title>、<p>、<font>等标记。

每个标记都拥有自己的属性，一个标记可有多个属性。标记的属性需要放置在开始标记中，各属性间用空格进行分隔，属性的次序没有限定。

（2）HTML 文件的结构

HTML 文件的整体结构为

```
<html>
<head>
        文件头
</head>
<body>
        文件主体
</body>
</html>
```

HTML 文件均以<html>标记开始，以</html>标记结束；<head>和</head>标记之间的内容用于描述页面的头部信息；<body>和</body>标记之间的内容即为页面的主体内容，网页正文中的所有内容包括文字、图像、声音、动画等，都包含在<body>标记之间。

举一反三

1）根据本章任务 1 中自选主题网站的页面设计，制作网站首页。

2）制作网页模板，并应用此模板快速创建其他的页面文件。

3）在浏览器中预览网站效果，对文件的名称、超链接的设置、图片文件的显示等进行检查。

子任务 3　上传下载、更新与维护网页

子任务目标

- 了解网页更新与维护的作用
- 理解网页更新与维护的内容
- 掌握网页更新与维护的方法

1. 网页上传下载

以 CuteFTP 软件为例介绍文件的传输过程。

（1）连接主机

1）点击 CuteFTP 图标，进入程序的主界面，如图 7-42 所示。

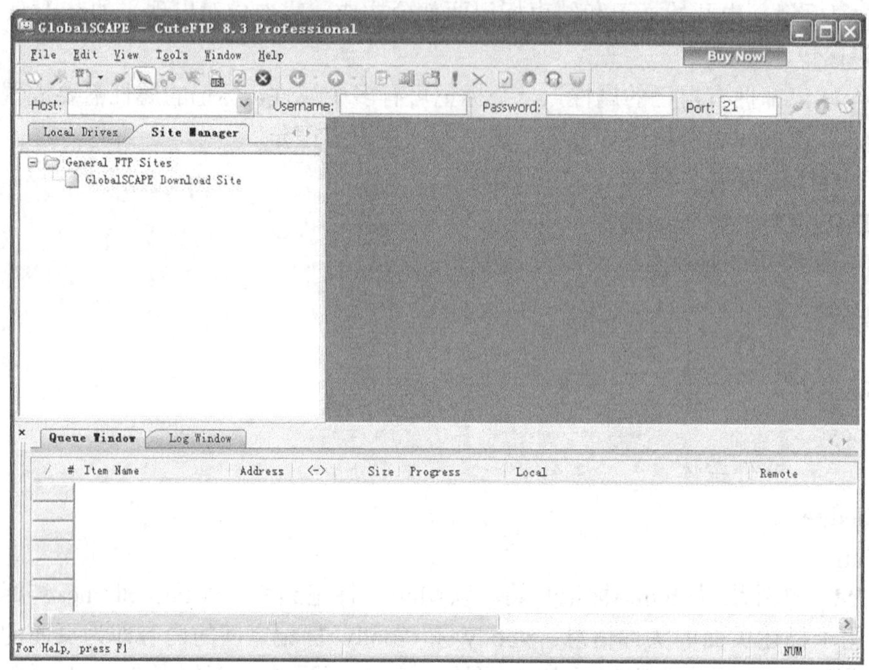

图 7-42　CuteFTP 程序工作界面

CuteFTP 程序的工作界面主要有四个区域。

上窗口，是输入命令或执行命令显示区，所有 FTP 传输命令和执行结果都在此区域显示，可以直接输入 FTP 命令。

中间的左窗口，传输时是选择源文件（夹）的区域，下载时是选择目标文件（夹）的区域。

中间的右窗口，传输时是目标文件（夹）的区域，下载时是源文件（夹）的区域。

下窗口，为传输或下载的文件执行显示。

最下边一行是状态栏，可看到文件传输时的速率和已经传输的字节数。

2）在 CuteFTP 程序的工作界面中，输入主机名、用户名和密码，然后单击“Port”旁的连接 图标进行连接。

3）连接成功后，会在上窗口中显示相关信息，右窗口将显示主机和目录中的内容，如图 7-43 所示。

图 7-43　连接主机

（2）上传下载文件及文件夹

1）在 CuteFTP 程序中间的左窗口中，选择 d:\website 文件夹，然后使用鼠标左键将选中的文件夹向右窗口拖动即可进行该文件夹的上传。

2）启动 Internet Explorer 浏览器，在地址栏中输入 http://www.buueb.cn/ website/jzg.html1，按回车键后即可浏览上传的页面文件。

3）在 CuteFTP 程序中间的右窗口中，选择 website/jzg.html 文件，使用鼠标左键将选中的文件向左窗口拖动即可将该文件下载到本地计算机中。上传文件夹及下载文件后的界面如图 7-44 所示。

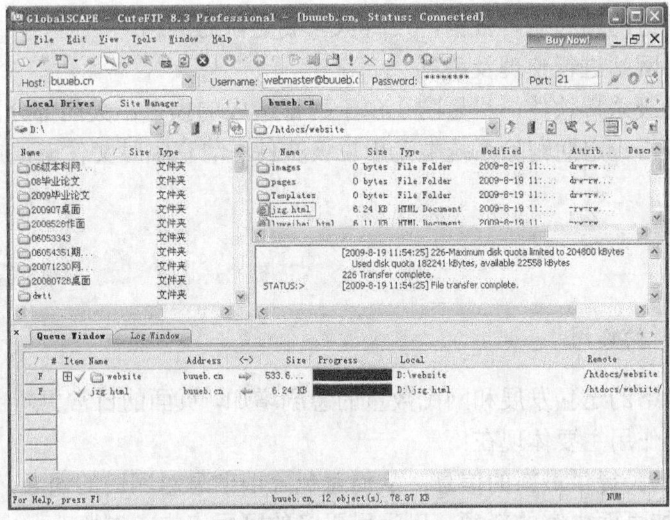

图 7-44　上传下载后的 CuteFTP 工作界面

2. 网页更新

页面更新是指在不改变网站结构和页面形式的情况下，为网站的固定栏目增加或修改内容。

（1）页面更新的方式

1）手工更新。直接修改 HTML 文件源代码或借用网页制作工具进行信息的更新。由于 HTML 文件组成的复杂性，手工更新的工作量往往比较大，而且容易出现错误，这种更新方式完全依赖于操作人员网页制作的熟练程度，所以，一般不采用这种方式更新信息。

2）利用内容管理系统及时更新。内容管理系统的出现是为了解决动态网页技术所带来的一些更新和维护的问题。

（2）页面更新的内容

页面更新的内容包括：①核对页面信息；②新增页面信息；③更新历史信息；④更新数据库。

3. 页面维护

（1）定期察看网站页面内容

检查网页内容是否与实际情况相符、网页内容是否正常显示。修改已更新的内容，取消已无法连接的超链接。

（2）对网站页面进行监控

关注点击率、访问人数、访问流量，对各种数据资源进行分类统计，及时阻断非法连接、登录、使用等。

（3）定期备份网站和后台数据

需要定期备份网站和后台数据，及时保存被更新的信息。

（4）定期对网站进行整理及杀毒

需要定期升级杀毒软件，尽量防止由于病毒造成的损害；关闭部分不使用的端口，防止网络入侵攻击；定期删除系统中无用垃圾文件，清空临时文件夹，减轻系统运行的负荷。

相关知识

1. 页面更新的作用

随着互联网络的迅猛发展和网民数量的急剧增加，页面的日常更新也变得越来越重要。页面更新的作用主要体现在：

1）可以给网民提供最新的信息，从而避免陈旧信息对网民的误导。

2）可以保持页面内容的新颖，以吸引更多的网民点击、浏览。

3）可以提高网站在网民心目中的形象。

2. 页面维护的作用

页面维护是指对网页的运行状况进行监控，发现问题及时解决。页面维护的作用体现在以下四个方面：

1）在页面的维护过程中，可及时发现和更正页面和系统中因各种原因引发出现的错误，避免对网民产生误导和疑问。

2）在页面的维护过程中，可以对页面进行简单的修改、校正，提高和保证网页正常、高质、快速的响应。

3）在页面的维护过程中，可以不断提高系统的运行效益，为今后对系统进行大的修改积累经验和数据。

4）在页面的维护过程中，可以保存大量珍贵的数据信息，这些信息为系统的正常运作提供了有利的保证。

举一反三

1）使用 CuteFTP 软件练习文件及文件夹的上传和下载。

2）使用 Dreamweaver 对网页进行更新与维护。

3）了解网络内容管理系统的功能及基本操作。

任务总结

本章通过一个网页设计与制作的任务介绍了网页设计及网页制作的相关知识。

进行网页布局时，需要遵守重点突出、平衡谐调、图文并茂、简洁清晰的原则。网页主要有 T 型、门型、川型或三型、POP 型等布局形式。可以运用相同色系、对比色和互补色、过渡色等进行网页色彩的搭配。在进行网页的导航设计时，需要注意链接颜色的搭配、层次清晰、超链接的可行性等问题，可以采用线性、树状、网状形式进行网页链接结构的组织。

在网页中可插入文本、水平线、图像、超链接、Flash 动画、视频文件等页面元素。利用图像可以美化网页，利用超链接可以完成网页之间的相互跳转。

在 Dreamweaver 中可使用布局视图、表格等进行网页布局的设计，利用模板可以制作具有相同外观结构的网页，提高了制作效率。Dreamweaver 提供了标准、扩展和布局三种视图模式，其某些功能只在某一种视图模式下才能使用。

练 习 题

一、单项选择题

1. 能够充分利用版面，信息量较大，但页面往往比较拥挤，不够灵活的布局形式是（　　）。

A. T 型布局　　B. 门型布局　　C. 川型布局　　D. POP 型

2. 页面之间没有明显的结构，每个页面相互之间都有链接，这种网页的组织结构是（　　）。

A. 星形结构　　B. 树形结构　　C. 网状结构　　D. 线形结构

3. 下列不属于 Dreamweaver 文档窗口显示状态的是（　　）。

A. 预览状态　　B. 代码状态　　C. 拆分状态　　D. 设计状态

4. 在 Dreamweaver 中创建模板文件，其扩展名为（　　）。

A. POT　　B. DOT　　C. DWT　　D. PSD

5. 在 Dreamweaver 中，插入空格的组合键是（　　）。

A. Ctrl+Space　　B. Shift+Space　　C. Alt+Space　　D. Ctrl+Shift+Space

6. 下列不属于 Dreamweaver 提供的视图模式的是（　　）。

A. 标准　　B. 预览　　C. 布局　　D. 扩展

7. 在 Dreamweaver 中，按（　　）键可以在浏览器中预览页面。

A. Enter　　B. Ctrl+Enter　　C. F8　　D. F12

8. 网页正文中的所有内容都应包含在（　　）标记之间。

A. <head>　　B. <body>　　C. <frame>　　D. <meta>

9. 下列 HTML 标记中，属于单标记的是（　　）。

A. <hr>　　B. <P>　　C. <title>　　D. <font>

10. 使用 HTML 编写的文档扩展名是（　　）。

A. .html　　B. .asp　　C. .jsp　　D. .php

二、简答题

1. 简述网页版面布局的类型及特点。
2. 简述页面布局设计的原则、网页色彩设计的技巧。
3. 简述网页链接结构的形式及特点，网页导航设计的原则。
4. 什么是站点？如何创建站点？
5. 超链接的类型有哪些？各自有什么作用？
6. 图像热点有什么作用？如何创建图像热点？
7. 模板有什么作用？制作模板的原理是什么？
8. 简述网页更新与维护的作用及主要内容。

参 考 文 献

程树年. 2006. 大学文献信息检索教程. 上海：华东理工大学出版社.

邓炘炘. 2005. 网络新闻编辑. 北京：中国广播电视出版社.

郭春燕. 2007. 网络信息采集. 北京：中央广播电视大学出版社.

韩隽，吴晓辉. 2007. 网络编辑. 大连：东北财经大学出版社.

蒋晓丽. 2004. 网络新闻编辑学. 北京：高等教育出版社.

欧阳友权. 2008. 网络文学概论. 北京：北京大学出版社.

宋文官，王晓红. 2008. 网络信息编辑实务. 北京：高等教育出版社.

谭云明. 2007. 网络信息编辑. 北京：中央广播电视大学出版社.

田志友，王薇薇. 2007. 采写编实训教程. 北京：清华大学出版社.

王晓红，谭云明，李立威. 2009. 网络信息编辑. 北京：北京航空航天大学出版社.

武珊，张妮. 网络动画在商业推广中的应用与发展. 电影评介，2009（5），75，78，http://cn.qikan.com/Journal.aspx?issn=1002-6916&year=2009&periodnum=5

[美] 约翰•钱赛勒. 1985. 记者生涯. 北京：世界知识出版社.

张小波. 网络动画发展前景与教学实践初探. 高教发展研究中心, http://ac.zstu.edu.cn/rcdp/bencandy.php?fid=104&id=113.

周立. 2009. 网页设计与制作. 北京：高等教育出版社.

庄颖飞. 2007. 国际商务信息处理. 北京：高等教育出版社.